BAGLJÄ, IGfH (Hrsg.)

Rechte haben – Recht kriegen

Bundesarbeitsgemeinschaft
der Landesjugendämter

Internationale Gesellschaft für
erzieherische Hilfen (Hrsg.)

Rechte haben – Recht kriegen

Ein Ratgeber – nicht nur für Jungen und Mädchen in der Jugendhilfe

Beltz Verlag · Weinheim, Basel, Berlin

BELTZ VOTUM

Ihre Wünsche, Kritiken und Fragen richten Sie bitte an:
Verlagsgruppe Beltz, Fachverlag Soziale Arbeit, Erziehung und Pflege,
Werderstraße 10, 69469 Weinheim

Die Herstellung dieses Buches wurde durch die
Stiftung Deutsche Jugendmarke e. V. finanziell gefördert.

ISBN 3-407-55121-5

Programm BeltzVotum, Weinheim
2. aktualisierte Auflage 2003

03 04 05 06 07 5 4 3 2 1

Herstellung: Ulrike Poppel, Weinheim
Satz: Markus Schmitz, Büro für typographische Dienstleistungen, Münster
Druck und Bindung: Druckhaus »Thomas Müntzer«, Bad Langensalza/
Thüringen
Umschlaggestaltung: glas ag, Seeheim-Jugenheim
Titelfoto: Kinderhaus Berlin – Mark Brandenburg e. V.
Zeichnungen: Sofie Mollenhauer, Kassel
Printed in Germany

Weitere Informationen finden Sie im Internet unter http://www.beltz.de

Inhalt

Einleitung

Ein Buch über die Rechte von Kindern und Jugendlichen? Vielleicht hast du dich schon aufgeregt, bevor du die erste Seite gelesen hast: »Meine Rechte, die kann ich doch an der Tür abgeben«, oder »Kinder und Jugendliche – die haben doch gar keine Rechte«, so hast du vielleicht reagiert. Hoffentlich bist du trotzdem neugierig! Oder: gerade deswegen!

Denn du hast Rechte. Und du hast sie besonders dann, wenn in deiner Kindheit oder Jugend irgendetwas aus der Bahn geraten ist. Wenn es viel Stress gibt in der Schule oder in der Familie. Wenn ihr in der Familie das Gefühl habt, wir kriegen es alleine nicht mehr auf die Reihe. Dann können Sozialarbeiterinnen und Sozialarbeiter vom Jugendamt versuchen, dir zu helfen. Hier gibt es zahlreiche Möglichkeiten, und es gibt ein extra Gesetz, das **Kinder- und Jugendhilfegesetz**, das so genannte »Hilfen zur Erziehung« vorsieht, wenn du oder deine Familie in größeren Schwierigkeiten seid.

Aber um von solchen Hilfen des Jugendamtes etwas zu haben, ist es wichtig sie zu kennen. Und um seine Rechte einfordern zu können, muss man erst einmal wissen, welche Rechte man hat!

Mädchen und Jungen haben als »Minderjährige« noch nicht die gleichen, gewissermaßen einklagbaren Rechte wie Erwachsene. Daher ist es besonders wichtig, die bestehenden rechtlichen Möglichkeiten zu kennen.

Deshalb stellen wir in diesem Buch besonders die vorhandenen Rechte von Kindern und Jugendlichen vor. Das muss nun nicht heißen, dass bei jedem Krach mit Eltern, Erzieherinnen oder Sozialarbeitern nach dem Anwalt oder Richter zu rufen ist. Denn es ist sicherlich immer besser, Konflikte direkt zwischen den Beteiligten zu klären. Genauso wichtig ist es uns aber, allen Mädchen und Jungen zu sagen:

- **Du bist kein rechtloses Wesen!**
- **In jedem Konflikt- und Notfall hast du rechtlich verbriefte Möglichkeiten, dir Unterstützung und Hilfe zu holen!**

- **Darüber hinaus will das Buch auch über die Jugendhilfe und die verschiedenen Hilfen zur Erziehung und die dabei möglichen Probleme informieren.**

Drei wichtige Rechte, die du in der Jugendhilfe hast, wollen wir dir gleich nennen:

1) Du hast ein Recht, an allen dich betreffenden Entscheidungen **beteiligt zu werden**, d.h. es darf keine Entscheidung ohne dich und über deinen Kopf hinweg gefällt werden (siehe hierzu auch S. 56).
2) Du hast ein Recht, von den Sozialarbeitern des Jugendamtes **beraten und umfassend informiert zu werden** – auch ohne Wissen der Eltern (siehe hierzu auch S. 59).
3) Du hast ein Recht darauf, **Schutz durch das Jugendamt zu erhalten**, wenn es dir wirklich schlecht geht und du nicht mehr weiter weißt (siehe hierzu auch S. 60).

Wir hoffen, dass dieses Buch dazu beiträgt, dass du deine Rechte besser kennen lernst und nutzt.

Für die Herausgeber:
Frankfurt a.M./Köln, im April 2003

Markus Schnapka
Vorsitzender der BAGLJÄ

Hans-Ullrich Krause
Vorsitzender der IGfH

1. Zu diesem Buch

Für wen haben wir das Buch geschrieben?

Dieses Buch will in erster Linie ältere Kinder, Jugendliche und junge Erwachsene ansprechen, die eine Hilfe vom Jugendamt erhalten oder bei denen eine erzieherische Hilfe, sei es eine Tagesgruppe, eine Familienhilfe oder die Betreuung in einer Wohngruppe geplant ist. Natürlich ist es auch für alle anderen Mädchen und Jungen spannend, etwas über ihre grundlegenden Rechte (z.B. wenn sich die Eltern scheiden lassen und sich um die Kinder streiten) sowie die Angebote der Jugendhilfe zu erfahren. Weil wir vor allem Kinder und Jugendliche ansprechen wollen, haben wir in den meisten Kapiteln die direkte Anrede gewählt, wir sagen einfach »du«.

Der Ratgeber richtet sich aber auch an Fachkräfte in Jugendämtern, Landesjugendämtern, Schulen und Einrichtungen der Erziehungshilfe. Wir hoffen, dass es damit gelingt, zur eigenen Auseinandersetzung mit dem Thema »Rechte von Kindern« und zum fairen Dialog mit jungen Menschen beizutragen. Insbesondere die Fachkräfte können in ihren alltäglichen Arbeitszusammenhängen als wichtige Multiplikatoren für die Zielsetzung des Handbuches wirken.

Schließlich stellt der Band auch eine Einführung in die Jugendhilfe und speziell die Hilfen zur Erziehung für Studierende der Sozialpädagogik dar sowie für alle Erwachsenen, die sich über die Rechte von Kindern und Jugendlichen informieren wollen.

Wie das Buch zu lesen ist

Dieses Buch ist ein Handbuch. Man braucht es also nicht von vorne bis hinten durchzulesen. Zum schnelleren Auffinden von Stellen, die euch besonders interessieren, gibt es auf den S. 199–200 ein **Stichwortverzeichnis**.

In den einzelnen Kapiteln weisen Lesehinweise auf weitergehende Informationen an anderen Stellen im Buch hin; auf Beispiele macht dich aufmerksam. Neben der Beschreibung eindeutiger Rechte geht es auch um die vielen Möglichkeiten, eigene Wünsche und Bedürfnisse auszuhandeln. Fragen, Probleme und Konflikte im Erziehungsalltag sind häufig nicht mit Paragraphen, sondern nur im Gespräch miteinander zu lösen. Dies herauszuarbeiten ist ein wichtiges Anliegen des Buches.

Eine Darstellung der Rechte von Kindern und Jugendlichen kommt aber natürlich nicht darum herum, wichtige Gesetze zu vermitteln. Es war dabei nicht zu vermeiden, auch einige Gesetzestexte (zumindest sinngemäß) wiederzugeben. Diese sind mit dem Paragraphenzeichen **§** gekennzeichnet. Dies sind bestimmt keine einfach zu lesenden Abschnitte. Wenn ihr daher selbst nicht mehr weiterkommt oder etwas unklar bleibt, dann wendet euch an eine Person, der ihr vertraut und lest die Teile gemeinsam.

Ein Dankeschön

Dieses Buch hätte nicht verwirklicht werden können ohne die Bereitschaft von vielen Pädagoginnen und Pädagogen, sich an diesem Projekt zu beteiligen. Wir danken ganz herzlich allen Autorinnen und Autoren (siehe das Verzeichnis auf S. 201–203 dafür, dass sie ihren Sachverstand eingebracht haben und bereit waren, die zugegebenerweise komplizierte Jugendhilfe möglichst ohne »Fachchinesisch« zu erklären. Wir danken der Redaktionsgruppe der zweiten, völlig überarbeiteten Auflage, Cornelia Dittrich, Nicole Janze, Stephan Kibben, Hans-Ullrich Krause, Martina Kriener, Doris Mertens, Tim Rietzke und Wolfgang Trede, für die viele engagierte Arbeit. Hier gilt unser Dank auch Friesa Fastie, Hella Tripp und Hans-Dieter Will, die, neben den Mitgliedern der Redaktionsgruppe, Teile dieses Buches geschrieben und bearbeitet haben. Zu danken ist auch den Jugendrechts-Expertinnen und -Experten, die Teile des Buches kritisch gegengelesen haben und wertvolle Hinweise für eine korrekte Darstellung gaben. Insbesondere Jochem Baltz, Hannelore Häbel und Corina Weber möchten wir für ihre juristische Unterstützung danken. Ohne die finanzielle Unterstützung der Stiftung Deutsche Jugendmarke e.V. hätte dieses Buch nicht veröffentlicht werden können. Schließlich würde es dieses Buch nicht geben ohne das große Engagement einer Gruppe von Jugendlichen und Pädagogen, die in den Jahren 1994–1996 im Rahmen eines Projektes der IGfH die Erstauflage von »Rechte haben – Recht kriegen« vorbereitet hatten. Herzlichen Dank an alle!

Gesetze werden häufig mal geändert. In diesem Buch sind die Gesetze so verwendet, wie sie bis zum Frühjahr des Jahres 2003 gültig waren.

Das Handbuch ist sicherlich verbesserbar. Deshalb sind wir über jede Rückmeldung, Anregung und Kritik froh, sei sie positiv oder negativ.

Kontaktadresse:

Internationale Gesellschaft für erzieherische Hilfen – IGfH
Josef Koch
Schaumainkai 101–103
60596 Frankfurt am Main
Telefon: (069) 633 986–0
Telefax: (069) 633 986–25
E-Mail: igfh@igfh.de
www.igfh.de

2. Du bist o. k.! Probleme und Stress gehören zum Aufwachsen

In diesem Kapitel geht es um Themen und Probleme, die jedes Mädchen und jeden Jungen betreffen können. Die aber auch zu echtem Stress werden können, mit dem man dann nicht mehr alleine klar kommt.

Mit der Zeit der Pubertät beginnt für Jugendliche ein neuer, spannender Lebensabschnitt. Du willst immer selbständiger werden und erwartest, dass dies von deinen Eltern und den anderen Erwachsenen akzeptiert wird.

Mit dem Heranwachsen sind eine Reihe von Krisen verbunden, auf die wir im Folgenden eingehen wollen. Wir sind uns bewusst, dass es hierbei große Unterschiede zwischen Jugendlichen gibt, und die von uns beschriebenen Probleme des Aufwachsens nicht für alle jungen Leute gleichermaßen zutreffen. Diese Unterschiede rühren u. a. auch von den sehr unterschiedlichen kulturellen Erfahrungen und Hintergründen junger Menschen her. Eine junge gläubige Muslimin wird über unsere Beispiele zur Verhütung oder zum Konsum von Drogen vielleicht schockiert sein. Allerdings könnte auch sie oder ein junger »Russland-Deutscher« oder eine junge Frau mit Eltern aus verschiedenen Kulturkreisen die im Folgenden beschriebenen Krisen so oder so ähnlich erleben.

»Ich finde mich sooo hässlich«

Wer will nicht gerne gut aussehen und bei anderen gut ankommen? Einfach attraktiv sein, das wollen nicht nur die Erwachsenen. Gerade in der Pubertät spielt das eigene Aussehen eine große Rolle.

Die meisten von uns kommen natürlich nicht an die Wunschbilder aus den Illustrierten heran. Die superschlanken Models in der Werbung oder die Schauspieler im Kino verkörpern ein Ideal von Schönheit, von dem wir uns leider keine Scheibe abschneiden können. Und dann gibt es natürlich auch bei den Mädchen oder Jungen in deiner Schule oder unter deinen Bekannten immer jemanden, der klasse aussieht. Der wird dann heimlich beneidet. Du guckst dich immer wieder im Spiegel an und bist unzufrieden mit dir. Manchmal »beschließen« Mädchen dann sogar, nichts mehr zu essen, ihnen vergeht regelrecht der Appetit.

Die Pubertät ist auch die Zeit der körperlichen Veränderungen. Sie können ein Grund sein, dass du dich nicht so attraktiv findest. Damit umzugehen, ist nicht leicht. Wenn dann noch das nötige Geld für ein aufgemotztes Äußeres und teure Klamotten fehlt, verstärkt sich die eigene Unsicherheit. Vor allem Jungen überspielen das dann zum Beispiel mit einem besonders aggressiven Verhalten. Und aus einem Problem werden auf einmal zwei.

»Der kommt mir nicht ins Haus!«

Eltern haben oft ganz andere Vorstellungen als du, welcher Freund oder welche Freundin zu dir passt. Da kann es ganz schnell zum Krach kommen. »Die passt doch nicht zu dir«, ist da noch eine milde Form, deinen Umgang zu bestimmen. Aber wenn dann so Sätze fallen wie »Und da kannst du dich auf den Kopf stellen, den bringst du mir nicht mit nach Hause!«, fehlt nicht mehr viel, dir deine Beziehung einfach zu verbieten.

Spätestens jetzt liegt der Konflikt massiv auf dem Tisch. Du fühlst dich hin- und hergerissen zwischen der Macht deiner Eltern und deinen Gefühlen. Sollst du den Eltern gehorchen oder hörst du auf deine Gefühle? Sollst du vielleicht sogar deine Beziehung verheimlichen und deine Gefühle verstecken? Manchmal kommt die Schwierigkeit hinzu, dass du dich nicht traust, mit deinem Freund oder deiner Freundin über die Ablehnung durch deine Eltern zu sprechen.

Lies hierzu auch ab S. 155.

»Und keine Minute später!«

Wie lange darf ein Mädchen oder Junge abends ausgehen? Auch an dieser Frage gibt es viel Streit mit den Eltern. Manche Eltern kümmern sich gar nicht mehr darum, wann ihre Kinder nach Hause kommen. Das ist sicher nicht in Ordnung; denn dann fehlt oft der notwendige Schutz. Andere trauen ihrer Tochter auch dann keine eigene Entscheidung zu, wenn sie schon 16 oder 17 ist.

Von der Fete am Samstagabend sollst du um halb zehn schon wieder zu Hause sein. Wenn‘s am schönsten wird, sollst du gehen. Und wenn du dich um eine Viertelstunde verspätest, darfst du am nächsten Wochenende gar nicht raus. Du bist gefrustet. In der Woche hast du auch keine Gelegenheit, deinen Freund oder deine Freundin länger als bis um acht zu sehen. Und oft ist deine Freizeit am Nachmittag eingeschränkt. Vielleicht, weil du auf deine jüngeren Geschwister aufpassen oder andere Aufgaben für deine Familie übernehmen musst. Ausgehen und Wegbleiben – das gibt oft viel Zoff. Der Konflikt ist schnell da.

»Nimmst du etwa Drogen?«

Viele Mädchen und Jungs fangen schon mit 13 oder 14 Jahren – oder auch später – an zu rauchen, machen erste Erfahrungen mit Alkohol und mit Kiffen. Zunächst muss klar gesagt werden: Alle Drogen, ob die »Volksdrogen« Alkohol und Tabak oder verbotene Drogen wie Haschisch, Marihuana oder Ecstasy-Tabletten, bergen Gesundheitsrisiken und können alle zu einer Abhängigkeit, einer Sucht führen. Alle Stoffe sind dabei besonders gefährlich für den jugendlichen Organismus; daher ist es nach dem Jugendschutzgesetz verboten, an unter 16-jährige Tabak oder Alkohol abzugeben. Natürlich machen sehr viele junge Leute Erfahrungen mit diesen Drogen, und es ist auch nicht so, dass der Konsum von Drogen und Alkohol direkt in die Abhängigkeit führen muss.

Wenn aber andere Schwierigkeiten dazukommen, wenn man in eine Clique gerät, wo fast nur »Kampfsaufen« oder ständiges und intensives Kiffen angesagt ist, dann kann sich der Alltag bald fast nur noch um Drogen drehen, und das kann dann schon zum Problem werden.

»Ich finde dich nur blöde«

Sicher hast du auch schon mal andere Jugendliche bewundert, weil sie klug sind oder zumindest so scheinen. Dann bist du dir selbst vielleicht ganz dumm vorgekommen.

Schwierig wird es vor allem für diejenigen, die von Erwachsenen oder Gleichaltrigen immer wieder gesagt bekommen, dass sie dumm seien. Das geht dann ganz schön an das Selbstbewusstsein und die Selbstachtung. Daraus können schnell Krisen entstehen, die dir das Leben schwer machen, weil wichtige Entscheidungen wie z. B. ein guter Schulabschluss dir nicht mehr so wichtig sind.

»Setzen! Sechs!«

Du hast jetzt über einige Situationen und Konflikte gelesen, die im Leben von Jugendlichen auftreten können. Vielleicht hast du hier oder da gedacht: »Genau, das kenne ich von mir auch!« Und wahrscheinlich hast du deine Probleme mit dir herumgetragen, sie auch morgens mit in die Schule genommen. So waren deine Gedanken im Unterricht oft ganz woanders. Aber häufig ist es auch die Schule selbst, die dir die Lust am Lernen nimmt.

Mädchen und Jungen werden eher schulmüde, wenn sie in der Schule keinen Erfolg haben. Statt der Belohnung für eine ordentliche Klassenarbeit gibt es laufend Rüffel für nicht so tolle Leistungen. Vielleicht musst du die Klasse wiederholen oder die Schule wechseln. Oder du hast ganz einfach keinen Bock, gehst gar nicht in die Schule und erfindest Entschuldigungen. Und zu Hause gibt es für dich zum Lernen keinen ruhigen Platz oder niemanden, der dir mal was erklärt.

Gleichzeitig wird dir aber klar, dass du nur mit einem guten Schulabschluss die Chance für deinen Wunschberuf bekommst. Du freust dich sogar darauf, dass bald die Schulzeit vorbei sein wird und hast so richtig Lust auf deine Ausbildung. Der Druck wächst, und auch der nächste Schritt ist wieder schwer.

Aus deinem Traumberuf wurde nichts, aber du hast trotzdem einen Ausbildungsplatz bekommen. Du musst täglich losgehen, die Anforderungen erfüllen und durchhalten. Auch, wenn die Arbeit oft keinen Spaß macht.

Oder es hat mit einem Ausbildungsplatz nicht geklappt. Du bist enttäuscht und musst jetzt weitersuchen oder dir etwas anderes ausdenken. Dann fehlt dir nicht nur Geld, es fehlt dir auch die Anerkennung.

Es kann dir aber auch etwas ganz anderes fehlen! Viele Krisen und Konflikte haben ihre Ursachen nämlich gar nicht unmittelbar bei dir, aber du bist trotzdem betroffen. Dies ist besonders dann der Fall, wenn dir die Geborgenheit im Elternhaus fehlt und du dich von deinen Eltern nicht verstanden und respektierst fühlst. Das tut weh!

Krisen in der Familie

Familie haben heißt im guten Falle, dass man in der Geborgenheit von Mutter und Vater, Geschwistern, Großeltern, Tanten, Onkeln und anderen Verwandten lebt. Dies gibt dann auch die Sicherheit, sich mit zunehmendem Alter über diese Grenzen hinaus zu bewegen. Aber viele Kinder und Jugendliche haben die Erfahrung gemacht, dass ihre Familie Sicherheit und Geborgenheit nicht geben kann. Viele Gründe können dazu beitragen, wir wollen einige genauer beschreiben.

Pflichten

Grundsätzlich ist es so, dass die Erwachsenen die Hauptverantwortung für das Leben der Familie haben. Je älter Kinder sind, desto mehr werden sie an Aufgaben beteiligt und desto mehr Pflichten und Verantwortlichkeiten haben sie zu übernehmen.

Auf der einen Seite ist es bestimmt gut, wenn du mit Pflichten betraut bist. Es gibt auch viele Dinge im Haushalt, die leicht zu schaffen sind. Schwierig wird es, wenn du dich überfordert oder ausgenutzt fühlst und du selbst dabei zu kurz kommst. Besonders Mädchen müssen oft sehr früh Versorgungsaufgaben übernehmen: die Wohnung putzen, waschen, beim Kochen mithelfen, einkaufen oder auf jüngere Geschwister aufpassen. Manchmal beginnt die Sorge um die kleine Schwester oder den Bruder bereits nach dem Aufstehen mit dem Frühstückmachen. Und dann sollst du dich auch noch um ihre Schularbeiten kümmern. Da kommt schnell so viel Zeit zusammen, dass für dich selbst kein Raum mehr ist. Du kommst da nicht raus, weil dir die Arbeiten immer wieder »befohlen« werden. Ein Lob gibt es kaum. Aber wenn etwas schief läuft, kriegst du sofort eins auf die Mütze. Und der Sündenbock bist immer nur du.

Schuldgefühle

Wenn etwas in der Familie ganz schief geht, wenn sich die Eltern zum Beispiel trennen oder scheiden lassen wollen, haben viele Kinder und Jugendliche das Gefühl, an der Misere schuld zu sein. Mit diesen Schuldgefühlen lässt es sich ziemlich schlecht leben. Manche Eltern vermitteln ihren Kindern sogar rundheraus diese Gedanken. Dann musst du dir Sprüche anhören wie:

- »Wenn du ein einfaches Kind wärst, hätten wir weniger Probleme!«
- »Wenn wir euch nicht hätten, würde es uns besser gehen!«
- »Wir streiten uns immer nur um die Kinder!«

Solche Äußerungen von Eltern verstärken die Schuldgefühle von Kindern. Dann ist es fast gar nicht mehr möglich, noch einen Draht zueinander zu finden.

Es gibt aber noch eine Reihe anderer Gründe, die dir das Leben in deiner Familie schwer machen können.

Armut

Armut trifft in unserem Lande besonders Menschen, die arbeitslos geworden sind und nicht mehr für ihre eigene Existenz sorgen können. Armut trifft auch die, die keine Chance hatten, eine Ausbildung zu machen oder einen sicheren Platz in der Arbeitswelt zu finden. Je ärmer eine Familie ist, desto schwieriger ist es, den Lebensalltag zu bewältigen und desto größer ist die Gefahr, dass man sich nach außen abschottet und isoliert ist. Das fängt damit an, dass du vielleicht als Einzige/r in der Klasse nicht die angesagten aber sauteuren Marken-Klamotten kriegst. Vielleicht kannst du an der Geburtstagsparty nicht teilnehmen, weil du kein Geld für ein Geschenk aufbringen kannst, oder du kannst aus dem gleichen Grund an der Klassenfahrt nicht teilnehmen. (Die Schule würde die Teilnahmegebühren zwar erlassen im Rahmen einer »sozialen Härtefallregelung«, aber deine Eltern würden sich schämen, diese zu beanspruchen.) Kurzum: Mit Armut steigen die Belastungen für Eltern und Kinder, und damit steigt auch die Wahrscheinlichkeit von Krisen.

Alleinerziehend

Die Versorgung, Pflege und Erziehung, die Betreuung und Förderung von Kindern verlangt den Eltern vieles ab. Wenn diese Aufgabe dann bei einem Elternteil, meistens der Mutter liegt, so besteht die Gefahr, dass sie mit diesen hohen Anforderungen nicht fertig wird. Nicht selten kommt dann die Isolierung der Familie dazu. Das macht die Lage noch schwieriger. Das Entstehen von Krisen in der Familie hat dann weniger mit der Unfähigkeit der/dem Alleinerziehenden zu tun, als vielmehr mit der zu großen Belastung.

Krankheit

Viele Familienkrisen werden durch Krankheiten von Mutter oder Vater ausgelöst. Damit wächst die Belastung für alle anderen Familienmitglieder. Die Mutter kann dann nicht mehr im gewünschten Maße für die Versorgung der Familie aufkommen. Eine lange Krankheit des Vaters oder häufige Erkrankungen können seinen Arbeitsplatz gefährden. Ausreichende Hilfen kommen oft gar nicht oder zu spät. Alle Familienmitglieder leiden darunter, die Spannungen wachsen. Kinder können diese Situation am wenigsten ertragen.

Umzug

Du stehst in der schon halbleeren Wohnung zwischen gepackten Kisten und Kästen, morgen kommt der Möbelwagen. Dich beschleicht ein unsicheres Gefühl. Du weißt, was du aufgeben musst. Du weißt nicht, was kommt. Schon wieder umziehen. Heraus aus deiner vertrauten Welt, schon wieder weg von deinen Freundinnen und Freunden.

Es gibt viele Gründe, warum Familien ihren Wohnort wechseln müssen. Manchmal sind es die beruflichen Veränderungen der Eltern, manchmal ist es die Suche nach einer besseren Wohnung. Kinder, die dies häufiger mitgemacht haben, geraten schnell in die Gefahr, sich nicht mehr in ihrer Lebenswelt wohlzufühlen. Sie trauern ihren alten Freundschaften nach und finden nicht so schnell Ersatz. Aber auch für die Eltern ist dies meist ein schwieriger Schritt. Häufig lösen mehrere Umzüge eine Krise in der Familie aus, weil Eltern oder Kinder in der neuen Umgebung ihren Platz nicht mehr finden.

Trennung

Für die meisten Mädchen und Jungen sind die Trennung und Scheidung der Eltern eine Katastrophe. Oft werden sie von ihren Eltern gezwungen, sich für Vater oder Mutter zu entscheiden, während sie doch gerne beide behalten wollen. Wenn die Eltern sich um die Kinder streiten, leiden die Kinder. Weil die Eltern ihren Streit oft mit viel Wut und Hass austragen, werden die Kinder zerrissen. Viele Probleme von Mädchen und Jungen haben mit der Trennung oder Scheidung ihrer Eltern begonnen. Immerhin hast du als von Trennung betroffenem Mädchen oder Junge eine Reihe wichtiger Rechte, insbesondere das Recht auf Umgang mit deinen beiden Eltern und deinen Großeltern, d.h. niemand kann dir verwehren, deinen Vater oder deine Lieblingsoma zu besuchen.

Neue Lebenspartner der Eltern/Stiefeltern

Nach einer Scheidung haben Mütter und Väter oft den Wunsch, wieder einen Partner oder eine Partnerin zu finden. Und plötzlich tritt in deine Welt, in deine unmittelbare Nähe, ein neuer Mensch. Vor allem ältere Kinder können sich daran nur schwer gewöhnen. Dies löst viele Konflikte aus. Wenn dann der Stiefvater sich auch noch schwer tut, die Kinder zu akzeptieren und ihnen Zeit zu lassen, schwelt es in der Familie heftig. Neue Konflikte entstehen. Das wird nicht leichter, wenn der neue Lebenspartner/die neue Lebenspartnerin eigene Kinder mit in die Familie bringt. Da kann sich schnell Ablehnung aufbauen. Und du hast das Gefühl, du wirst nicht gemocht.

Sucht

Manche Eltern haben in ihrer Kindheit und Jugend selbst viel Schlimmes erfahren. Weil sie es nicht mehr aushalten konnten, haben sie angefangen zu trinken. Andere wurden abhängig von Drogen oder Medikamenten. Dies macht das Leben für Kinder in besonderer Weise schwer. Oft erleben Mädchen und Jungen mit, wie ihre Eltern an Armut, Arbeitslosigkeit oder den vielen alltäglichen Belastungen zerbrechen. Die Sorgen werden in Alkohol ertränkt oder sonst wie betäubt. Die Flucht in den Rausch geschieht immer öfter, und irgendwann wird der Griff zur Flasche, zu Drogen oder Medikamenten zur Sucht. Eine Suchtkrankheit bei deinem Vater oder deiner Mutter bedeutet eine ganz enorme Belastung für alle Familienmitglieder.

Gewalt hat viele Gesichter

Leider müssen viele Kinder zu Hause auch Prügel und andere Formen von Gewalt erleben. Vielleicht kennst du Situationen, bei denen du schon vorher richtig Angst hattest: Weil du etwas beichten musstest, oder du kamst zu spät nach Hause, oder weil der Freund deiner Mutter betrunken war.

Viele Kinder und Jugendliche haben erlebt, dass sie von einem Menschen aus der Familie sexuell missbraucht wurden. Oft werden die Hilferufe nicht einmal von den Angehörigen gehört, auch nicht von Freunden, Erzieherinnen oder Lehrern. Und häufig wird den betroffenen Mädchen oder Jungen nicht einmal geglaubt. Mädchen oder Jungen können auch Opfer von (sexueller) Gewalt durch Nachbarn, Lehrer oder durch völlig Fremde werden.

Immer gilt: Erwachsene dürfen mit Kindern keine sexuellen Handlungen begehen. Mit »sexuellen Handlungen« sind im Übrigen nicht nur Geschlechtsverkehr, Herumfingern an Geschlechtsorganen wie der Brust, der Scheide oder dem Penis gemeint; dies schließt auch anzügliche Bemerkungen und Ähnliches ein. Du hast ein Recht darauf, dich gegen Zudringlichkeiten zu wehren.

Viele Mädchen oder Jungen sehen allerdings keinen anderen Ausweg als einfach wegzulaufen. Wenn du dann aus Not zurückkehrst oder die Polizei dich zu Hause abliefert, wird es meist noch schlimmer. Der Kreislauf beginnt: weglaufen, aufgegriffen werden und wieder weglaufen. Du fühlst dich hilflos und ausgeliefert. Dazu kommt dann schnell deine Wut und der Hass auf die ganze Welt.

Lies hierzu auch ab S. 176.

Zum Größerwerden gehört ganz natürlich, dass du deine eigene Sexualität entdeckst. Wenn Jugendliche in dieser Zeit keine Menschen haben, mit denen sie vertrauensvoll sprechen können, geraten sie leicht in Not. Dann trägst du deine innersten Gedanken und Gefühle mit dir allein herum, und andere finden dein Verhalten »komisch« oder »seltsam«.

Mit der Pubertät bekommen auch deine Freundschaften zu Jungen und Mädchen eine andere Bedeutung. Du verknallst dich und hast so ein merkwürdiges Grummeln im Bauch. Die erste Liebe kann sehr schön sein, sie kann aber auch verdammt wehtun.

Du hast Zweifel und bist dir deiner Gefühle nicht sicher. Werden deine Gefühle erwidert oder hat das Mädchen in deiner Klasse oder der Junge in deiner Nachbarschaft kein Interesse an dir? Wie sicher bist du dir der Gefühle deines Freundes oder deiner Freundin? Wie weit öffnest du dich, wann ist der richtige Zeitpunkt für welche Zärtlichkeiten gekommen? Lust und Neugier, Ängste und Schüchternheit, das Gefühl, im siebten Himmel zu schweben oder Enttäuschung und Ablehnung, das alles können Erfahrungen sein, die du in der Pubertät erlebst.

Und es gibt weitere Gründe, die Liebe, Sexualität und Freundschaft schwer machen können.

Wie ist das mit der Verhütung?

Die »ersten Male« sind ja sowieso schon sehr spannend und sowohl Mädchen als auch Jungs haben davor und dabei viele Ängste: wie geht's, tut es weh, klappt es? Und dann müssen sich die Partner auch noch Gedanken um die Verhütung machen. Dazu ist erstens zu sagen: Verhütung ist nicht allein Sache des Mädchens, sondern geht beide an! Zweitens: Beim Thema Verhütung und Miteinander schlafen geht es nicht nur um Vermeidung einer Schwangerschaft, sondern – in Zeiten von AIDS – auch um Gesundheitsvorsorge (deswegen: Kondome benutzen!). Drittens: In fast jeder Stadt gibt es Sexualberatungsstellen, z.B. von »Pro Familia«, bei denen sich auch Jugendliche kostenlos und anonym, d.h. ohne dass es die Eltern erfahren, zu Verhütungsfragen beraten lassen können. Ihr könnt euch auch über das Internet Rat holen, z. B. über www.profamilia.de.

Lies zum Thema »Verhütung« auch S. 147.

Bin ich schwul, bin ich lesbisch?

Zumeist in der Pubertät bilden sich bei Mädchen und Jungen ihre sexuellen Orientierungen heraus. Damit ist gemeint, was man/frau jeweils »attraktiv« und »scharf« findet, und auf welches Geschlecht man/frau steht. Die meisten jungen Leute bilden im Laufe der Pubertät eine sogenannte gegengeschlechtliche (oder: heterosexuelle) Orientierung aus, d. h. Mädchen finden überwiegend Jungs sexuell anziehend, Jungs überwiegend Mädchen. Es gibt aber auch Mädchen, die verlieben sich eigentlich nur in Mädchen, und es gibt Jungs, die nur auf Jungs stehen. Und das dauerhaft. Das nennt man dann eine gleichgeschlechtliche (oder: homosexuelle) Orientierung. Weil eine schwule oder lesbische Orientierung gesellschaftlich immer noch nicht als gleichwertig anerkannt ist und weil bei vielen Jugendlichen »schwul« und »lesbisch« Schimpfworte darstellen, haben sehr viele Mädchen und Jungen, die das Gefühl haben, sie seien schwul oder lesbisch, große Probleme damit.

Lasst euch davon nicht verrückt machen: Schwulsein und Lesbischsein ist weder eine Krankheit noch unnormal oder moralisch verwerflich!! In vielen Städten gibt es mittlerweile Interessengruppen, die Informationen und Beratung für junge Schwule und Lesben anbieten. Auch im Internet gibt es viele Informationen, zum Beispiel über die Homepage des deutschen Lesben- und Schwulenverbandes: www.lsvd.de.

Was ist, wenn ich schwanger bin?

Wenn du befürchtest, schwanger geworden zu sein, dann solltest du dir darüber zuallererst Klarheit verschaffen. In jeder Apotheke kannst du einen Schwangerschaftstest kaufen und selbst durchführen. Um sicher zu gehen solltest du außerdem deine Ärztin oder deinen Arzt aufsuchen, und dort einen Test machen lassen. Deine Eltern müssen davon nichts erfahren.

Eine Schwangerschaft wird dich vor schwere Entscheidungen stellen, schließlich heißt dies u. U. Verantwortung für einen kleinen Menschen für eine lange Zeit zu übernehmen. Es geht dann darum, eine gute Entscheidung zu treffen, bei der vieles zu bedenken ist. Hier brauchst du Unterstützung, die du in einer Schwangerschaftskonfliktberatungsstelle erhalten kannst.

Lies zum Thema »Schwangerschaft« auch ab S. 149.

Was tun, wenn du alleine nicht mehr klar kommst?

Wenn du immer deutlicher das Gefühl bekommst, dass du alleine nicht mehr klar kommst, dann überlege dir zunächst, mit wem du quatschen könntest. Vielleicht gibt es jemanden, mit dem du reden kannst, der dir sogar helfen kann. Manche Mädchen und Jungen können nämlich ziemlich stark sein. Vielleicht musst du dich nur überwinden. Und dann trau dich einfach!

Auch, wenn du vielleicht schon längere Zeit in einem Heim oder einer Wohngruppe lebst: Nimm dir einmal die Zeit, um nachzudenken, wann für dich die Probleme begonnen haben. Am besten ist es, wenn du dazu deine Lieblingspädagogin oder deinen Lieblingserzieher ansprichst.

Und wenn du das nicht schaffst? Wenn du keinen Menschen findest? Wenn du nicht mehr klar kommst und das Gefühl immer stärker wird, dass dich deine Probleme erdrücken? Dann brauchst du Hilfe von anderen Menschen.

Dieses Buch will dir sagen, dass du ein Recht auf Unterstützung hast. Egal ob du deutsch, türkisch oder spanisch bist, ob Mädchen oder Junge, du hast ein Recht auf *die* Unterstützung, die zu dir passt und die dir hilft. Du hast ein Recht auf Hilfe für eine gute Entwicklung. Fordere dein Recht ein! Steck den Kopf nicht in den Sand!

3. Allein ist es nicht zu schaffen: »Hilfen zur Erziehung« konkret

Dieses Kapitel macht deutlich, was unter »Jugendhilfe« und »Hilfen zur Erziehung« zu verstehen ist. Hier wird beschrieben, welche Hilfen es gibt, wer wofür zuständig ist, für wen die Hilfen da sind, wer sie beantragen kann, welche Rechte Kinder und Jugendliche dabei haben und wie bei einer Hilfe bzw. Betreuung die Zusammenarbeit zwischen Kindern, Jugendlichen, Eltern, Betreuern und Jugendamt geregelt ist (Hilfeplanung). In diesem Kapitel findest du Grundsätzliches für alle Hilfen zur Erziehung!

Im vorigen Kapitel war von einer Menge von Ursachen und Anlässen die Rede, die einem das Leben manchmal ganz schön schwer machen können oder Mädchen und Jungen auch in eine Krise bringen können. Vielleicht hast du hier oder da Erfahrungen aus deinem Leben wieder gefunden. Oder du kennst die Probleme aus den Erzählungen deiner Freunde.

In vielen schwierigen Situationen können einem Eltern, Freunde, Verwandte, Nachbarn oder Lehrer weiterhelfen. Allerdings ist das nicht immer möglich; oft dann nicht, wenn die Probleme ja gerade mit diesen Personen zu tun haben und die Situation so verzwickt ist, dass man nicht mehr miteinander reden kann oder will. Wer hilft Kindern und Jugendlichen dann weiter?

Unser Staat hat sich selbst verpflichtet, Mädchen und Jungen in ihrer Entwicklung – im Kindes- und Jugendalter und auch als junge erwachsene Frauen und Männer – zu unterstützen und ihnen vor allem in Schwierigkeiten und Krisen zu helfen. Dafür gibt es neben der Familie und der Schule ganz verschiedene Angebote und Hilfen, z. B. Kindergärten, Jugendzentren, Jugendclubs, Beratungsstellen, Familienhilfe, Krisenhäuser, Pflegefamilien, Wohngruppen und andere. Alle diese Angebote, Hilfen und Maßnahmen werden **Jugendhilfe** genannt.

Die Aufgaben der Jugendhilfe sind in einem Extragesetz geregelt: **dem Kinder- und Jugendhilfegesetz**. Wir sprechen abgekürzt vom KJHG, wenn wir uns auf dieses Gesetz beziehen. Der wichtigste Grundsatz lautet dort ganz zu Anfang:

§

§ 1 Abs. 1 KJHG
Recht auf Erziehung

Jeder junge Mensch hat ein Recht auf Förderung seiner Entwicklung und auf Erziehung zu einer eigenverantwortlichen und gemeinschaftsfähigen Persönlichkeit.

Es wäre gut, wenn möglichst viele Kinder und Jugendliche dieses Gesetz kennen würden und es vielleicht schon zu Hause in der Schublade liegen haben. Wichtige Bestimmungen, die du kennen solltest, findest du aber auch in diesem Buch.

Den Text des Kinder- und Jugendhilfegesetzes erhältst du kostenlos beim Bundesministerium für Familie, Senioren, Frauen und Jugend in Bonn; siehe Adressenteil im Anhang.

Damit das Recht auf Förderung der Entwicklung und auf Erziehung für alle Mädchen und Jungen verwirklicht wird, soll Jugendhilfe insbesondere:

§

§ 1 Abs. 3 KJHG

- junge Menschen in ihrer individuellen und sozialen Entwicklung fördern und dazu beitragen, Benachteiligungen zu vermeiden oder abzubauen,
- Eltern und andere Erziehungsberechtigte bei der Erziehung beraten und unterstützen,
- Kinder und Jugendliche vor Gefahren für ihr Wohl zu schützen,
- dazu beitragen, positive Lebensbedingungen für junge Menschen und ihre Familien sowie eine kinder- und familienfreundliche Umwelt zu erhalten und zu schaffen.

Die Jugendhilfe hat also eine ganze Reihe von Aufgaben, damit Mädchen und Jungen in unserer Gesellschaft möglichst gut aufwachsen können. Sie soll Kinder und Jugendliche fördern, ihnen helfen und sie schützen, sie soll Eltern beraten und unterstützen und sie soll dafür auch gute Lebensbedingungen mitgestalten. Zur Erfüllung dieser Aufgaben macht die Jugendhilfe in verschiedenen Bereichen unterschiedliche Angebote. Die wesentlichen Angebotsbereiche sind:

- die Jugendarbeit (z.B. Jugendhäuser, Jugendfreizeitgruppen, Jugendbildung); hier geht es darum, dass Mädchen und Jungen in ihrer Freizeit ihren Interessen nachgehen können und sich zusammen mit anderen für ihre Interessen engagieren,
- die Tagesbetreuung von Kindern (z.B. Kinderkrippen oder -gärten, Horte); hier geht es vor allem darum Kindern, die noch nicht zur Schule gehen, aber auch für Kinder während der ersten Schuljahre, die Möglichkeit zu bieten, mit anderen Kindern zusammen zu spielen und zu lernen,
- die **Hilfen zur Erziehung** (z.B. Familienhilfe, Pflegefamilien, Wohngruppen). Hier sind Hilfen und Angebote für Kinder und Jugendliche und auch Eltern gemeint, die Probleme in der Familie haben und für Mädchen und Jungen, die nicht zu Hause bleiben können oder wollen.

Und um die Hilfen zur Erziehung geht es in diesem Buch! Wenn es um den Bereich der Hilfen zur Erziehung geht, sprechen wir auch von Erziehungshilfe. Jetzt hast du schon eine Idee, was mit Jugendhilfe und Hilfen zur Erziehung (bzw. Erziehungshilfe) gemeint ist.

Hilfen zur Erziehung sind ein Aufgabenbereich der Jugendhilfe.

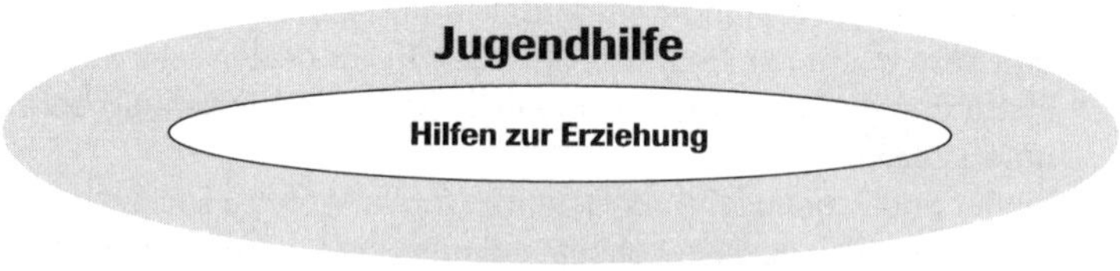

Wir werden nun genauer erklären welche Hilfen es gibt, wer wofür zuständig ist und wie es laufen kann, wenn Kinder und Jugendliche Hilfe brauchen. Neben den Angeboten, die wir bisher aufgezählt haben, hat die Jugendhilfe noch weitere Aufgaben, die für dich wichtig sein können. Wir werden sie im jeweils passenden Zusammenhang vorstellen oder auf sie hinweisen.

Im Folgenden haben wir das, was für Mädchen und Jungen wichtig ist, unter fünf Fragen bzw. Themen zusammengefasst:

- **Welche Hilfen zur Erziehung gibt es?** Welche anderen Hilfen sind noch wichtig? (Kap. 3.1)
- **Mit wem hast du es zu tun: das Jugendamt und andere Hilfeanbieter.** Welche Aufgaben hat das Jugendamt? Wissenswertes zu den Einrichtungen und Diensten. (Kap. 3.2)
- **Erziehungshilfe ist nicht überall gleich!** Wie kommen Unterschiede in den Hilfeangeboten zustande? (Kap. 3.3)
- **Für wen sind Hilfen zur Erziehung da?** Das Gesetz nennt mehrere »Gruppen«: Mädchen und Jungen, ausländische und seelisch behinderte Kinder und Jugendliche → dazu Wichtiges und Besonderes! (Kap. 3.4)
- **Wie bekommst du Hilfe?** (Kap. 3.5)
  - **Wer kann Hilfen zur Erziehung beantragen: Kinderrechte – Elternrechte:** Warum haben Eltern das Antragsrecht? Welche Rechte haben Kinder und Jugendliche dabei? (Kap. 3.5.1)
  - **Hilfe?! – Am Anfang steht immer der erste Schritt:** An wen kannst du dich wenden? Wie kann man sich informieren? Was tun in Not? (Kap. 3.5.2)
  - **Wie geht es dann weiter? Antrag, Entscheidung, Planung und Überprüfung einer Hilfe (Hilfeplanung):** Wer entscheidet was mit wem? Wie verläuft die Zusammenarbeit zwischen dir, dem Jugendamt, deinen Eltern und deinen Betreuern weiter? (Kap. 3.5.3)

3.1 Welche Hilfen zur Erziehung gibt es?

Jetzt war schon einige Mal von den *Hilfen zur Erziehung* die Rede. Welche gibt es nun, wenn sich Probleme, die du, deine Eltern bzw. ihr miteinander habt, nicht mehr alleine lösen lassen. Wir geben hier einen ersten Überblick über mögliche Hilfen. In den nächsten beiden Kapiteln werden wir genau erklären, was die einzelnen Hilfen bedeuten, was du jeweils für Möglichkeiten hast und worauf du achten musst. Schließlich ist es ja ein Unterschied, ob z. B. eine Betreuerin zu dir und deiner Familie nach Hause kommt oder ob du überlegst in eine Wohngruppe zu ziehen, wo du mit anderen Kindern und Jugendlichen zusammen lebst und wo viele Dinge anders sind als Zuhause.

Das Kinder- und Jugendhilfegesetz bietet folgende Hilfen ausdrücklich an:

- **Erziehungsberatung (§ 28 KJHG)**
  Beratungsstellen sollen dir, deinen Geschwistern (wenn du welche hast) und deinen Eltern bei der Klärung und Lösung von Problemen helfen, egal ob es Probleme sind, die eher nur einen oder die ganze Familie betreffen. Du kannst alleine oder zusammen mit den Eltern oder der ganzen Familie Beratung von Psychologen und Pädagogen erhalten und auch an Gesprächskreisen teilnehmen. Es wird aber nicht nur geredet. Manchmal kann man viel besser mit Bildern oder in Spielen ausdrücken, wie es einem geht oder was man verändern möchte. Erziehungsberatung kann dir helfen, Probleme besser zu durchschauen und Möglichkeiten zu finden, mit ihnen klarzukommen.

- **Soziale Gruppenarbeit (§ 29 KJHG)**
  Hier werden von Sozialpädagogen und Sozialpädagoginnen organisierte Gruppenangebote gemacht, die mindestens einmal in der Woche mit gemeinsamen Aktivitäten und Unternehmungen stattfinden. An der sozialen Gruppenarbeit können ältere Kinder und Jugendliche (ab ca. 12 Jahren) teilnehmen, die für sich oder im Umgang mit anderen was verändern wollen: weil sie vielleicht schnell wütend werden und ihnen oft »der Kragen platzt«, weil sie sich selbst wenig zutrauen, ängstlich sind oder weil sie noch auf der Suche nach guten Ideen für ihr Leben sind. Du hast die Möglichkeit, andere Jugendliche kennen zu lernen, dich mit ihnen auszutauschen, neue Situationen zu erproben und vielleicht neue Perspektiven zu entwickeln.

  Die Teilnahme an einer Sozialen Gruppenarbeit kann für Jugendliche auch aus Anlass einer Straftat angeordnet werden. Im Jugendgerichtsgesetz heißt das »Sozialer Trainingskurs« (§ 10 JGG).

- **Erziehungsbeistand, Betreuungshelfer (§ 30 KJHG)**
  Erziehungsbeistand – das ist ungefähr so wie ein »ganz persönlicher« Sozialarbeiter oder Sozialpädagoge. Du wirst regelmäßig zu Hause besucht (meistens 1–2 Mal in der Woche) oder ihr macht gemeinsame Unternehmungen. Du erhältst direkt im Alltag Unterstützung und Hilfe bei Fragen und Problemen, die für dich wichtig sind. Das können Fragen oder Probleme sein, die z. B. mit dir und

deinen Eltern oder Geschwistern, der Schule oder deinem Freundeskreis zu tun haben.

Auch eine Erziehungsbeistandschaft kann für Jugendliche in einem jugendrichterlichen Verfahren angeordnet werden (§ 12 JGG). Man spricht dann von einem Betreuungshelfer.

Siehe dazu auch Kap. 9.3 ab S. 188.

- **Sozialpädagogische Familienhilfe (§ 31 KJHG)**
  Hier ist eine Fachkraft für die ganze Familie zuständig. Eure Sozialpädagogin oder euer Sozialarbeiter besucht euch regelmäßig ein- bis zweimal in der Woche zu Hause. Auch die Familienhilfe bietet direkt im Alltag Unterstützung für Fragen oder Probleme an, die in der Familie wichtig sind. Sie redet z. B. mit den Eltern darüber und probiert mit ihnen zusammen aus, was sie bei sich selbst, in der Erziehung der Kinder, im Haushalt oder in der Nachbarschaft verändern wollen. Sie unternimmt etwas mit den Kindern, z. B. probiert sie mit ihnen zusammen neue Freizeitaktivitäten oder hilft bei Schulproblemen. Und natürlich unterstützt sie auch Mütter, Väter und Kinder zusammen, begleitet sie z. B. beim Arztbesuch oder hilft bei Gesprächen zwischen Eltern und Kindern oder bei der Planung von Familienaktivitäten. Sozialpädagogische Familienhilfe ist also eine Hilfe für dich, deine Eltern und deine Geschwister.

- **Tagesgruppe (§ 32 KJHG)**
  Die Tagesgruppe ist in erster Linie ein Angebot für Kinder, die ca. zwischen 8 und 12 Jahre alt sind. Du kannst hier den Nachmittag nach der Schule verbringen und auch deine Hausaufgaben machen. Danach gibt es Gruppenangebote und manchmal einzelne Angebote wie z. B. Spiele, handwerkliche, künstlerische oder sportliche Freizeitangebote oder andere Unternehmungen. Hier hast du Möglichkeiten mit anderen Kindern zusammen Neues zu probieren und zu lernen. Zur Tagesgruppe gehört auch, dass die Pädagoginnen und Pädagogen regelmäßig Gespräche mit deinen Eltern oder der ganzen Familie führen. Wenn es in der Familie Probleme gibt, ist es wichtig, dass nicht nur die Kinder zur Tagesgruppe gehen, sondern genauso die Eltern daran mitarbeiten, dass es in der Familie wieder besser geht.

Du siehst, dass du mit der Tagesgruppe schon sehr viel Zeit außerhalb deiner Familie verbringst, was für dich vielleicht gut ist, wenn ihr in der Familie ziemlich viel Stress habt.

Hilfen in der Familie sind ausführlich in Kap. 4 ab S. 74 beschrieben.

- **Pflegefamilie (§ 33 KJHG)**
  Wenn du nicht mehr zu Hause bleiben willst oder kannst, hast du die Möglichkeit, in einer Pflegefamilie zu leben. Voraussetzung dafür ist, dass du dir vorstellen kannst, zu einer anderen Familie zu ziehen und dass du und die Familie euch gegenseitig sympathisch findet. Manchmal leben in einer Pflegefamilie auch noch andere Pflegekinder und manchmal auch Kinder der Pflegeeltern. Manchmal bleiben Mädchen und Jungen nur eine befristete Zeit in einer Pflegefamilie, bis die Situation zu Hause und das Verhältnis zwischen Kindern und Eltern wieder so ist, dass die Familie wieder zusammen leben kann. Oft leben Kinder aber auch in einer Pflegefamilie, bis sie erwachsen sind.

Zur Pflegefamilie lies auch in Kap. 5.1 ab S. 84.

- **Heimerziehung und sonstige betreute Wohnformen (§ 34 KJHG)**
  Wenn es zu Hause nicht mehr geht, gibt es als Alternative zur Pflegefamilie die Betreuung in einer Wohngruppe, einer Wohngemeinschaft, einem Heim oder Ähnlichem. Hier lebst du in einer Gruppe von etwa 6 bis 10 Mädchen und Jungen und wirst von Erziehern und Sozialpädagogen betreut. Es gibt sowohl Gruppen für Mädchen und Jungen als auch nur für Mädchen oder Jungen. Manchmal leben Pädagoginnen oder Pädagogen zusammen mit Kindern und Jugendlichen in einem Haus, häufiger aber kommen die Betreuerinnen und Betreuer abwechselnd in die Gruppe, so dass immer jemand da ist. Der Vorteil einer Wohngruppe oder eines Heims ist, dass du – zumindest für eine gewisse Zeit – Abstand von deiner Familie gewinnen und viele neue Anregungen erhalten kannst. Wie in der Pflegefamilie bleiben Kinder und Jugendliche manchmal nur eine befristete Zeit, ziehen wieder nach Hause oder in eine andere Familie oder sie bleiben dort, bis sie selbständig leben können.

Ältere Jugendliche können auch im »Betreuten Wohnen« leben. Hier lebst du allein oder zu zweit in einer Wohnung weitgehend selbständig, bekommst aber immer noch regelmäßig Unterstützung von einer Sozialpädagogin oder einem Sozialpädagogen.

Zur Heimerziehung und betreutem Wohnen lies in Kap. 5.2 ab S. 98.

- **Intensive sozialpädagogische Einzelbetreuung (§ 35 KJHG)**
  Wie der Name sagt, kannst du in besonderen Problemsituationen eine Einzelbetreuung erhalten. Man könnte auch sagen, besondere Probleme erfordern besondere Maßnahmen, deshalb sind hier ganz verschiedene Formen möglich. Dazu ein Beispiel:

  Nadja lebt seit Monaten in der Bahnhofsszene, sie ist das ständige »Schnorren« leid, möchte wieder ein festes »Dach über'm Kopf« und vielleicht doch noch irgendwie einen Schulabschluss machen. Auf keinen Fall will sie zu ihren Eltern oder in ein Heim. Eine Einzelbetreuerin sucht mit ihr erstmal einen sicheren Schlafplatz in einer Notunterkunft für junge Frauen, trifft sich jeden Tag mit ihr und sie überlegen gemeinsam, wie die nächsten Schritte aussehen können. Nadja hat sich schon oft von Erwachsenen getäuscht gefühlt, daher braucht sie Zeit, um Vertrauen zu fassen. Nach vier Monaten zieht sie in eine eigene Wohnung, wo sie von ihrer Einzelbetreuerin weiter betreut wird.

  Im Unterschied zu der Hilfe »Erziehungsbeistand / Betreuungshelfer« verbringt man in dieser intensiven Einzelbetreuung viel mehr Zeit mit der Betreuerin und meistens leben die Jugendlichen, die solch eine Hilfe erhalten nicht mehr zu Hause.

Zu intensiver sozialpädagogischer Einzelbetreuung lies vor allem Kap. 4.4 ab S. 78 und Kap. 5.3 ab S. 124.

»... und wenn diese Hilfen so nicht passen?« – Flexible Hilfen

Die Hilfen, die wir dir bis hierhin vorgestellt haben sind sozusagen typische Hilfen, die oft für Kinder, Jugendliche und Familien angeboten werden. Das heißt aber nicht, dass es nur diese Hilfen gibt. Das Kinder- und Jugendhilfegesetz hat festgelegt, dass Mädchen und Jungen und ihre Eltern eine »geeignete und notwendige« Hilfe erhalten sollen. Und so verschieden wie manchmal Probleme sind, so unterschiedlich müssen dann auch Hilfe und Unterstützung sein. Deshalb heißt es im Gesetz: »Art und Umfang der Hilfe richten sich nach dem erzieherischen Bedarf im Einzelfall« (§ 27 Abs. 2 KJHG). D.h. die Hilfe muss für dich und deine persönliche Situation passen. Häufig trifft das auf eine der genannten Hilfen zu, oft aber auch nicht. Zunehmend gibt es Einrichtungen oder Dienste, die es sich zur Aufgabe machen für verschiedene Situationen Hilfen flexibel und passend anzubieten. Solche Hilfsangebote heißen z.B. **»Flexible Hilfen«** oder auch **»Integrierte Hilfen«**. Damit du dir eine flexibel passende Hilfe zur Erziehung besser vorstellen kannst, hier ein Beispiel:

Maya (14 Jahre) und Nora (12 Jahre) leben mit ihren Eltern in S-Stadt. Ihre Mutter ist psychisch krank und leidet an schweren Depressionen. Es gibt gute Phasen, da läuft alles ganz normal. Es gibt aber immer wieder schlechte Phasen, da geht es der Mutter nicht gut, manchmal muss sie auch ins Krankenhaus, der Vater fühlt sich überfordert, alle sind gereizt und genervt. Nichts klappt mehr. In solchen Phasen würden Maya und Nora am liebsten abhauen. Ganz weg von zu Hause wollen sie aber auf keinen Fall. Schließlich haben Maya und Nora zusammen mit ihren Eltern, Frau K. vom Jugendamt und Frau M. von der »Flexiblen Hilfe Gartenstraße« folgende Hilfe überlegt und entschieden: Frau M. betreut die beiden Mädchen zu Hause. Sie sucht mit den Mädchen eine Familie – Maya und Nora nennen sie »unsere Patenfamilie« –, bei der die Mädchen wohnen können, wenn es zu Hause ganz eng wird oder die Mutter ins Krankenhaus muss. Die Betreuerin trifft sich regelmäßig mit Maya und Nora, immer wieder auch zusammen mit den Eltern. Sie besprechen, wie es geht, was jeder in der Familie tun kann, damit es gar nicht erst total nervig wird, wie sie Kontakt zur Patenfamilie halten, unterstützt die Mädchen bei ihren eigenen Interessen bzgl. Freunde, Schule, Freizeit etc, und hilft, wenn mal ein zeitweiliger »Umzug« in die Patenfamilie ansteht.

Welche Hilfen außer diesen Erziehungshilfen sind noch wichtig?

Außer den sogenannten Hilfen zur Erziehung gibt es in der Jugendhilfe noch weitere Angebote, die wichtig sein können, wenn es eng wird:

- **Angebot in Not: Inobhutnahme von Kindern und Jugendlichen (§ 42 KJHG)**
  Wenn du dich in großer Not befindest, dich bedroht fühlst oder abgehauen bist und dich nicht mehr nach Hause traust, aber auch nicht weißt wohin, dann kannst du in einem Kinder- und Jugendnotdienst, in einem Krisenhaus oder einer Jugendschutzstelle vorübergehend Unterschlupf und Schutz finden. In manchen Städten gibt es zusätzlich Krisenhäuser und Zufluchtstätten nur für Mädchen. Ein »Angebot in Not« muss jedes Jugendamt machen, dazu ist es gesetzlich verpflichtet. Auf die Inobhutnahme, so lautet die Bezeichnung für die vorläufige Unterbringung in einem Jugendnotdienst oder einem Krisenhaus, hast du ein Recht. Es ist für dich ein wichtiges Recht, wenn du wirklich nicht mehr weiter weißt.

§

§ 42 Abs. 2 KJHG
Inobhutnahme von Kindern und Jugendlichen

Das Jugendamt ist verpflichtet, ein Kind oder einen Jugendlichen in seine Obhut zu nehmen, wenn das Kind oder der Jugendliche darum bittet.

Du bekommst im Notdienst oder im Krisenhaus aber nicht nur ein »Dach über dem Kopf« und etwas zu essen, sondern es sind dort Pädagogen für dich da, die mit dir die nächsten Schritte überlegen, dich beraten und dich unterstützen.

Mehr zur Inobhutnahme in Kap. 3.5.2 ab S. 60.

- **Hilfe für junge Mütter und Väter: Gemeinsame Wohnformen für Mütter/Väter und Kinder (§ 19 KJHG)**
  Du bist schwanger oder hast ein kleines Kind? Viele Mädchen oder junge Frauen kriegen die Erziehung und Versorgung ihres Babys, wie viele andere Mütter und Eltern auch, gut hin. Manche haben

allerdings Sorge, ob alles klappt und worauf sie mit einem Baby so alles achten müssen. Manche haben Angst, dass alles zuviel wird, z.B. weil sie noch zur Schule gehen, weil sie mit eigenen Problemen beschäftigt sind, nicht wissen wohin oder weil sie keine Unterstützung vom Kindesvater, von Freunden oder den eigenen Eltern haben.

In solch einer Situation kannst du als Mutter oder als Vater zusammen mit deinem Kind Unterstützung erhalten. Das sieht dann so aus, dass ihr in einer geeigneten Wohnform betreut werdet. Solch eine Wohnform kann ein Mutter-Kind-Heim sein, wo du mit anderen Müttern zusammen lebst und es auch eine Kinderbetreuung gibt. Es kann aber auch eine Wohngruppe sein, in der du bisher schon gelebt hast. Du kannst aber auch mit deinem Kind in eine eigene Wohnung ziehen. Überleg genau, was für dich und dein Kind das Richtige sein kann. Die Betreuerin wird dir bei Fragen und Problemen helfen, die für dich selbst oder für die Erziehung und Versorgung deines Kindes wichtig sind.

Zu Hilfen für junge Mütter und junge Väter lies auch ab S. 104.

3.2 Mit wem hast du es zu tun? Das Jugendamt und andere Hilfeanbieter

Du hast dich bei der Vorstellung der verschiedenen Hilfen vielleicht schon gefragt: Wer sorgt denn dafür, dass es solche Hilfen gibt? *Oder:* Bei wem muss man denn solche Hilfen beantragen? *Oder:* Wer führt dann die Hilfe bzw. die Betreuung durch? *Oder:* Wer bezahlt das alles?

Wenn du Hilfe brauchst, ist es wichtig zu wissen, dass es da zum einen das Jugendamt gibt, das mit dir und deinen Eltern überlegt, berät und entscheidet, welche Hilfe die Richtige ist. Und zum anderen gibt es verschiedene Einrichtungen und Dienste, die Hilfen anbieten und die Hilfe bzw. Betreuung mit dir und deinen Eltern durchführen. Häufig spricht man bei den Hilfen zur Erziehung von einem Dreiecksverhältnis:

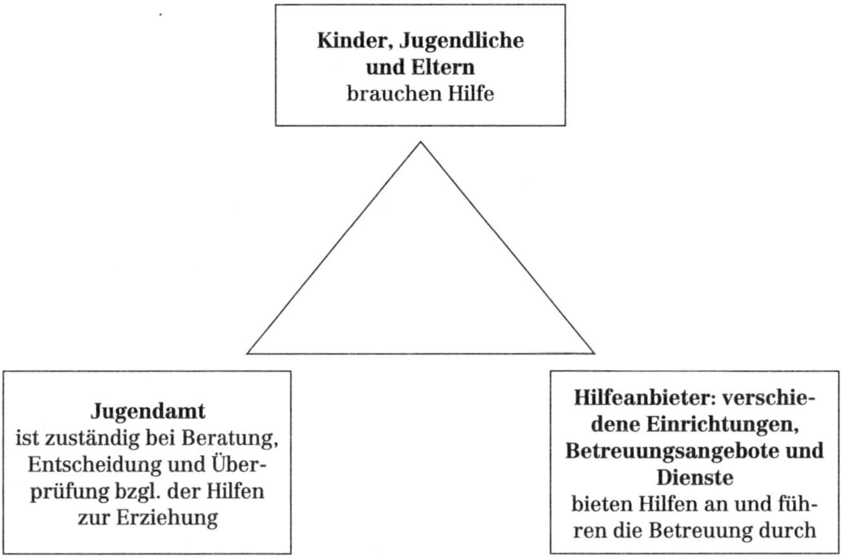

Das Schaubild ist nur eine erste grobe Übersicht über die verschiedenen Zuständigkeiten. Wir werden zuerst einmal genauer erklären, welche Aufgaben das Jugendamt hat. Danach erläutern wir dann einiges Wissenswertes zu den Einrichtungen und Diensten, die Hilfe und Betreuung anbieten.

Das Jugendamt

Du erinnerst dich sicher noch, dass der Staat sich verpflichtet hat, Mädchen und Jungen in ihrer Entwicklung zu fördern, ihre Erziehung zu unterstützen, sie zu schützen und bei Problemen zu helfen. Damit der Staat seiner Verpflichtung gegenüber Kindern und Jugendlichen nachkommen kann, hat er per Gesetz geregelt, dass es in allen größeren Städten ein Jugendamt gibt. In ländlicheren Gegenden mit kleinen Städten und Dörfern muss es ein Kreisjugendamt geben.

Das Jugendamt muss dafür sorgen, dass die verschiedenen Hilfen und Angebote in seinem Zuständigkeitsbereich auch vorhanden sind, d.h. dass es möglichst in deiner Nähe eine Beratungsstelle, eine Tagesgruppe, eine Wohngruppe, ein Krisenhaus usw. gibt.

Jugendamt, das hört sich für dich vielleicht sehr unpersönlich an. Das klingt nach Bürokratie, Akten und Bohnerwachs auf den Fluren. Aber im Alltag sind es natürlich immer ganz bestimmte Personen, ein Sozialpädagoge oder eine Sozialarbeiterin, die für dich da sind. Auch wenn das Gesetz die Zuständigkeit für die Jugendhilfe ganz allgemein dem ganzen Amt auferlegt. Die Sozialpädagoginnen oder Sozialarbeiter, die für Hilfen zur Erziehung zuständig sind, arbeiten in einer Abteilung des Jugendamtes. Meistens heißt diese **Allgemeiner Sozialer Dienst**, manchmal auch Kommunaler Sozialer Dienst und manchmal auch nur Sozialer Dienst. Also wenn du dich wegen einer Hilfe an das Jugendamt wendest, dann frag nach dem Allgemeinen Sozialen Dienst.

Das Jugendamt trägt die Verantwortung dafür, dass du die richtige Hilfe bekommst. Es muss die richtige Entscheidung sowohl mit dir als auch mit deinen Eltern vorbereiten. Das Jugendamt ist dazu verpflichtet, dich und deine Eltern darüber zu informieren und zu beraten, welche Hilfen es gibt, was die einzelnen Hilfen für dich und deine Eltern bedeuten können und welche Rechte du und deine Eltern haben. Wenn du mit deinen Eltern Konflikte hast, kannst du dich auch ohne ihr Wissen vom Jugendamt beraten lassen.

Zu deinem Recht auf Information und Beratung siehe Kap. 3.5.2 ab S. 57.

Die Entscheidung über die richtige Hilfe trifft das Jugendamt zusammen mit dir und deinen Eltern. Dazu gehört, dass ihr zusammen überlegt, was eigentlich los ist, wo du und/oder deine Eltern Unterstützung brauchen und dass ihr gemeinsam plant, was vor diesem Hintergrund zu tun ist. Wenn ihr eine Hilfe in Anspruch nehmen wollt, müssen deine Eltern einen Antrag beim Jugendamt stellen. Das Jugendamt bewilligt dann den Antrag und hilft euch, die richtige Tagesgruppe, Pflegefamilie, Wohngruppe usw. zu finden. Volljährige junge Frauen und Männer stellen den Antrag selbst. Aber auch nachdem eine Hilfe begonnen hat, du vielleicht in eine Tagesgruppe gehst, in einer Pflegefamilie oder einer Wohngruppe lebst, bleibt das Jugendamt weiter verantwortlich. Dein Sozialpädagoge oder deine Sozialarbeiterin im Jugendamt überprüft in regelmäßigen Abständen zusammen mit dir, deinen Eltern und deinen Betreuern, ob die Betreuung weiter richtig ist, welche Unterstützung weiter wichtig ist oder auch wann die Hilfe vielleicht beendet werden soll. Diese gemeinsame regelmäßige Überprüfung nennen die Fachleute »Fortschreibung des Hilfeplans«.

Zur Hilfeplanung lies Kap 3.5.3 ab S. 63.

Zuständig ist für dich in der Regel das Jugendamt in der Stadt oder dem Kreis, in dessen Bereich deine Eltern wohnen (§ 86 Abs. 1 KJHG). Wenn du volljährig bist, ist das Jugendamt zuständig, in dessen Bereich du bisher gewohnt hast; im Gesetz heißt das, wo du vor Beginn einer Hilfe deinen »gewöhnlichen Aufenthalt« hast (§ 86 a Abs.1 KJHG). Manchmal kann es vorkommen, dass unklar ist, welches Jugendamt zuständig ist. Das ist z. B. der Fall, wenn deine Eltern gerade dabei sind umzuziehen, deine Eltern im Ausland leben oder du als junger Volljähriger in den letzten Monaten in verschiedenen Städten unterwegs warst.

Wenn du Hilfe brauchst, kannst du dich an das Jugendamt wenden, in dessen Bereich du dich aufhältst.

Zu wissen, dass du dich an das Jugendamt wenden kannst, in dessen Nähe du dich aufhältst, ist wichtig! Es passiert nicht selten, dass Jugendämter Mädchen und Jungen sagen: Solange wir nicht wissen, ob wir zuständig sind, können wir nichts tun. Hinter dieser Ablehnung steht oft die Haltung, dass Jugendämter keine Zeit und kein Geld für junge Menschen aufwenden wollen, für die sie vielleicht gar nicht zuständig sind. Der Gesetzgeber hat aber extra festgelegt, dass für Mädchen und Jungen aus Unklarheiten bzgl. der Zuständigkeit kein Nachteil entstehen soll, und deshalb ist jedes Jugendamt verpflichtet vorläufig tätig zu werden. D. h. das Jugendamt ist verpflichtet dir zu helfen und wird, sofern sich herausstellt, dass doch ein anderes Jugendamt zuständig ist, dich an dieses weiterleiten und sich eventuell schon entstandene Kosten erstatten lassen.

Die **Kosten für eine Hilfe** trägt das für dich zuständige Jugendamt. Es wird sich, zumindest bei Hilfen mit Unterbringung außerhalb des Elternhauses und Tagesgruppen, umgehend – meistens schon vor der Entscheidung über eine Hilfe – mit deinen Eltern in Verbindung setzen und mit ihnen klären, ob sie sich an diesen Kosten beteiligen müssen und können. Sofern du bereits volljährig bist oder im Verlauf einer Hilfe volljährig wirst, wird das Jugendamt dies direkt mit dir klären. Die Kostenbeteiligung hängt vom Einkommen der Eltern oder bei Volljährigkeit von deinem Einkommen ab und kann sehr unterschiedlich ausfallen. Wenn Eltern oder junge Volljährige zu wenig bzw. kein Geld verdienen, kann von einer Kostenbeteiligung abgesehen werden. Wenn du selbst bereits Geld verdienst (z. B. in Rahmen einer Ausbildung) oder eigenes Geld beziehst (z. B. Waisenrente), musst du dich unter Umständen auch beteiligen. Berechnet wird die Kostenbeteiligung von der **wirtschaftlichen Jugendhilfe**, so heißt die zuständige Abteilung im Jugendamt. Du kannst dort direkt anrufen und fragen, ob du dich an den Kosten für eine Hilfe zur Erziehung beteiligen musst und wie viel das gegebenenfalls ist.

Wie schon erwähnt, hat das Jugendamt die Pflicht, dich und andere Mädchen und Jungen zu schützen. Dies wird besonders dann wichtig, wenn du zu Hause oder anderswo Gewalt erfährst, nicht ausreichend versorgt wirst oder Missbrauch mit dir geschieht. Du hast dann ein Recht darauf, dass das Jugendamt dir sofort hilft. Neben der Beratung kann die Hilfe auch darin bestehen, dass das Jugendamt dir sofort das Leben in einem Jugendnotdienst, Mädchenkrisenhaus (Inobhutnahme) oder in einer anderen vorübergehenden Wohnform ermöglicht.

Zu Angeboten der Inobhutnahme lies Kap. 3.5.2 ab S. 57.

Manchmal ist es so, dass das Jugendamt von anderen (z. B. Kindergärtnerin, Lehrerin oder Polizei) erfährt, dass ein Kind oder Jugendlicher Probleme zu Hause hat. Das Mädchen, der Junge oder die Eltern haben sich vielleicht selber bisher noch nicht getraut oder haben Angst, sich an das Jugendamt zu wenden. Dann hat das Jugendamt die Pflicht aktiv zu werden und dich und deine Eltern anzurufen oder euch zu besuchen. Auch hier geht es dann darum, erstmal gemeinsam zu besprechen und zu beraten, was los ist, ob und welche Hilfe und Unterstützung notwendig ist.

Nur wenn ganz klar ist, dass es dir zu Hause nicht gut geht und dein Wohl gefährdet ist, deine Eltern aber keine Hilfe und auch keinen Antrag stellen wollen, ist das Jugendamt verpflichtet zu deinem Schutz einen Antrag beim Familiengericht zu stellen, damit dir auch ohne Zustimmung deiner Eltern geholfen werden kann. Eltern haben für ihre Kinder, bis diese achtzehn sind, das Sorgerecht, das auch eine Sorgepflicht beinhaltet. Wenn Eltern ihr Sorgerecht vernachlässigen und das Kind dadurch Schaden erleidet, kann nur ein Familiengericht entscheiden, ob das Sorgrecht eingeschränkt oder sogar entzogen wird. Manchmal werden in so einem Gerichtsverfahren doch noch Möglichkeiten der freiwilligen Zusammenarbeit deutlich.

Zu Sorgerecht und »Wer kann Hilfen beantragen?« lies Kap. 3.5.1 ab S. 54, zum Familiengericht lies Kap. 9.1 ab S. 171.

Wenn das Gericht deinen Eltern tatsächlich das Sorgerecht entzieht, hat das Jugendamt dem Gericht eine geeignete Person vorzuschlagen, die das Sorgerecht für dich anstelle deiner Eltern vertritt. Das kann ein Mitarbeiter bzw. eine Mitarbeiterin des Jugendamtes sein, ein sogenannter »Amtsvormund«. Das kann aber auch eine Verwandte, Bekannte oder andere geeignete Person sein, dann heißt es »Einzelvormund«. Auch du kannst eine geeignete Person vorschlagen. Einzelvormünder sollen vom Gericht vorrangig vor Amtsvormündern eingesetzt werden.

Zu den Aufgaben von Vormund oder Pfleger siehe Kap. 8 ab S. 167.

Das Jugendamt ist auch beteiligt, wenn das Familiengericht bei Trennung oder Scheidung von Eltern oder das Jugendgericht bei strafbarem Verhalten von Jugendlichen entscheiden muss.

Zu den Aufgaben der Gerichte siehe Kap. 9.1 ab S. 170.

Das Jugendamt muss zwar dafür sorgen, dass Angebote, Hilfen und entsprechende Einrichtungen vorhanden sind, aber die Jugendämter machen nicht alles selbst. Damit kommen wir zu den *Hilfeanbietern*.

Hilfeanbieter: Verschiedene Einrichtungen, Betreuungsangebote und Dienste

Für Kinder und Jugendliche gibt es viele Einrichtungen, Betreuungsangebote und Dienste mit ganz unterschiedlichen Aufgaben. Wir haben ja schon einige beschrieben: Tagesgruppe, Familienhilfe, Wohngruppen, Heime, Krisenhäuser, Gruppenangebote, Pflegefamilien usw. Diese Angebote können unterschiedliche Organisationen durchführen.

Man unterscheidet hier zwischen »**Öffentlichen Trägern**« und »**Freien Trägern**«. Öffentliche – man könnte auch sagen staatliche – Träger sind die Jugendämter. Ein Jugendamt kann z. B. selbst ein Heim oder eine Familienhilfe »betreiben«. Freie Träger sind alle nicht-staatlichen Organisationen. Diese reichen von kleinen bis großen Vereinen, über Kirchen bis hin zu Stiftungen. Oft kannst du das schon am Namen erkennen: z. B. Evangelische Jugendhilfe, Caritas-Kinderheim (= katholisch), Verein für Jugendhilfe oder Wohngemeinschaft Maximilianstr. e. V. Daneben gibt es private Träger, das sind meistens einzelne Menschen, die Kinder betreuen. Ist es überhaupt wichtig zu wissen, wer der Träger einer Einrichtung ist, magst du dich vielleicht fragen. Das kann z.B. entscheidend sein, wenn dir oder deinen Eltern eine religiöse Grundorientierung wichtig ist. Vielleicht bist du muslimisch und du oder deine Eltern möchten deshalb keinen katholischen oder evangelischen Träger in Anspruch nehmen. Wichtig ist für dich zu wissen, dass du dich auch mit kleineren oder auch dicken Problemen direkt an den Träger wenden kannst.

Zum Träger wird ein Verein, eine Stiftung etc. erst dann, wenn er/sie eine Einrichtung aufmacht (z.B. eine Wohngruppe) oder einen Dienst aufbaut (z.B. Jugendhilfeeinheit, Familienhilfe). Für eine Einrichtung braucht er dann eine – wie es in der Fachsprache heißt – »**Betriebserlaubnis**«. Das heißt es kann nicht einfach jeder sagen »Ich betreue jetzt Kinder und Jugendliche«, sondern ein Verein, eine Stadt oder ein Landkreis, eine Einzelperson, eine Stiftung oder Kirche muss genau darlegen wie sie was machen will (Konzept) und dass sie dafür gut ausgebildete Pädagogen in ausreichender Zahl hat. Das Konzept, das Haus, in dem dann Kinder und Jugendliche betreut werden, und das Personal wird genau geprüft. Das macht das Landesjugendamt und dieses erteilt dann auch die Betriebserlaubnis. In der Betriebserlaubnis steht z.B. wie viele Erzieher und Erzieherinnen in deinem Heim beschäftigt sein müssen (in der Fachsprache heißt das »Personalschlüssel«), welche Angebote genau für Kinder und Jugendliche gemacht werden, und anderes mehr.

Auch nach Erteilen der Betriebserlaubnis werden die Einrichtungen und Dienste weiter vom Landesjugendamt beraten und beaufsichtigt. Es soll dadurch sichergestellt werden, dass alles mit rechten Dingen zugeht, Kinder zum Beispiel nicht geschlagen und die Gesetze insgesamt eingehalten werden. Diese Aufsicht bedeutet auch, dass die Einrichtung, wenn gravierende Mängel bekannt werden, besucht wird, um mit der Leitung, den Betreuerinnen und Betreuern und im besten Fall auch mit den Kindern und Jugendlichen vor Ort zu sprechen. Erziehern oder Leitungskräften, die Kindern körperlich oder seelisch Gewalt antun, kann die Tätigkeit verboten werden. Die Betriebserlaubnis kann aberkannt werden, was zur Folge hat, dass die Einrichtung geschlossen wird. Dies muss immer dann geschehen, wenn das Wohl der Kinder und Jugendlichen in der Einrichtung nicht gesichert ist und der Träger die Mängel nicht abstellt. Oft reichen Beratungsgespräche der Fachkräfte des Landesjugendamtes mit dem Träger aus, um Kindern und Jugendlichen zu ihrem Recht zu verhelfen.

Solltest du im Jugendamt keinen Gesprächspartner für deine Beschwerden finden, kannst du dich damit auch direkt an das Landesjugendamt wenden. In jedem Bundesland gibt es ein Landesjugendamt und die zuständige Abteilung heißt meistens »Heimberatung/Heimaufsicht« oder »Abteilung zum Schutz von Kindern du Jugendlichen in Einrichtungen«. Die Adresse und Telefonnummer kannst bei deinem Jugendamt oder auch in deiner Einrichtung bekommen.

Die Heimberatung/Heimaufsicht im Landesjugendamt ist auch zuständig für Kinder und Jugendliche mit Behinderungen in Einrichtungen, die aus der Sozialhilfe (Eingliederungshilfe) finanziert werden.

Das Geld für ihre Betreuungsarbeit kriegen die Einrichtungen und Dienste vom Jugendamt, d. h. sie schicken in der Regel dem Jugendamt eine Rechnung für die Betreuung eines Kindes, Jugendlichen oder einer Familie. Dabei ist mit dem Jugendamt vorher genau vertraglich geregelt, was wofür abgerechnet werden darf.

Welche Angebote, Einrichtungen und Dienste es in deiner Gegend gibt, die für dich wichtig oder interessant sein können, weiß dein Jugendamt. Deine zuständige Sozialarbeiterin im Jugendamt kann dir über die Angebote und ihre Besonderheiten Genaueres erzählen und mit dir oder für dich dort anrufen, einen Termin vereinbaren, damit du die Betreuung bzw. das Hilfeangebot und die Leute dort kennen lernen kannst. Du kannst dich natürlich auch direkt an die Einrichtungen wenden und um ein Kennlerngespräch oder um die Konzeption bitten.

Wenn du eine Hilfe durch eine Einrichtung oder einen Dienst bekommst, sind es auch hier immer einzelne Pädagoginnen, Betreuer oder Erzieher, die für dich da sind, dir helfen und dich im Alltag unterstützen. In welchen Bereichen dich deine Betreuerinnen und Pädagogen besonders unterstützen, auf was in der Betreuung besonders geachtet werden und was genau erreicht werden soll, das wird von dir, deinen Eltern, deiner Betreuerin oder deinem Betreuer und deinem Jugendamt zusammen im Rahmen der Hilfeplanung besprochen.

Lies ausführlich zur Hilfeplanung Kap. 3.5.3 ab S. 63.

3.3 Erziehungshilfe ist nicht überall gleich!

Welche Angebote von freien und öffentlichen Trägern gemacht werden, ist in den einzelnen Städten und Kreisen unterschiedlich, obwohl die in Kapitel 3.1 (»Welche Hilfen zur Erziehung gibt es?«) vorgestellten Hilfen den Eindruck vermitteln, als würde es für Kinder, Jugendliche und ihre Familien überall die gleichen Hilfeangebote geben. Dem ist aber nicht immer so. Welche Unterschiede kann es geben und wie kommt es dazu?

Ein – für dich nicht so wichtiger – Unterschied kann z. B. sein, dass in einer Stadt das Jugendamt selbst auch Angebote macht, in einer anderen Stadt aber die Freien Träger alle Angebote übernehmen. Für dich spürbarer sind Unterschiede, die mit der Größe von Städten und Gemeinden zu tun haben. In größeren Städten gibt es nicht nur viele verschiedene Angebote, sondern manche Hilfen werden auch von mehren Trägern gemacht. Das heißt, dass du zwischen mehreren Beratungsstellen, Tagesgruppen, Wohngruppen usw. oder auch zwischen Trägern, die Familienhilfe oder Einzelbetreuung anbieten, auswählen kannst. Wenn du in einem kleineren Ort lebst, kann es hingegen sein, dass du z. B. zur Tagesgruppe mit dem Bus in den nächsten Ort fahren musst, dass es eine Beratungsstelle erst in der nächsten größeren Stadt gibt und dass du nicht so viele Auswahlmöglichkeiten hast. Aber auch wenn ein Dienst oder eine Einrichtung nicht gleich um die nächste Ecke ist, gibt es für dich verschiedene erreichbare Hilfeangebote.

Weitere Unterschiede können dadurch entstehen, dass die Städte und Gemeinden und damit auch die Jugendämter unterschiedlich viel Geld haben und viele Jugendämter sparen müssen. Es heißt zwar immer, dass auf die Hilfen zur Erziehung ein Rechtsanspruch besteht und Geld deshalb keine Rolle spielen darf. Doch kann man andererseits nur soviel Geld ausgeben, wie man auch hat. Auch wenn meistens keiner direkt sagt, dass Geld eine wichtige Rolle spielt, kann es sein, dass deshalb z. B. Hilfen nur ungern verlängert werden oder dass Wartezeiten größer werden, bis z. B. eine bewilligte Familienhilfe anfängt oder ein Platz in einer Tagesgruppe frei wird, weil es zu wenig Plätze gibt. Auch erzählen Jugendliche immer wieder, dass sie sehr oft zum Jugendamt »gerannt« sind, bis ihnen endlich eine Hilfe bewilligt wurde. Wenn du dringend Hilfe brauchst, darf Geld kein Grund sein, dass du warten musst, dir eine Hilfe nicht bewilligt oder nicht verlängert wird. Viele Jugendämter versuchen aber gemeinsam mit den Einrichtungen und Diensten ihre

Möglichkeiten so zu nutzen, dass für Mädchen und Jungen keine Nachteile entstehen.

Des Weiteren sind die Begriffe nicht überall gleich und führen leicht in die Irre. Was z.B. in diesem Buch Wohngruppen heißt, wird in einigen Regionen Heimgruppen genannt. Lass dich von der Vielfalt der Begriffe nicht verwirren. Frag nach!

Ein anderer für dich spürbarer Unterschied hat damit zu tun, dass es auch mit Vorstellungen, Überzeugungen und Ideen von Jugendämtern und Freien Trägern zu tun hat, wie sie Angebote ausgestalten oder was sie besonders wichtig finden. Dazu ein paar Beispiele:

- Manchen Jugendämtern ist es besonders wichtig, dass Kindern, Jugendlichen und Eltern frühzeitig und gut in der Familie geholfen und eine Unterbringung eines Kindes in einer Pflegefamilie oder einem Heim vermieden werden kann. Entsprechend gibt es hier dann oft mehrere verschiedene Hilfeangebote für Kinder, Jugendliche und Eltern in der Familie wie z.B. Einzelbetreuung, Familienhilfe, Krisenhilfe in der Familie, Eltern-»Schule« etc.
- Es kann sein, dass es in deiner Nähe eine Einrichtung gibt, die Wohngruppen gemeinsam für Mädchen und Jungen haben als auch Wohngruppen, in denen nur Mädchen oder nur Jungen wohnen. Genauso ist es möglich, dass ein Heim in deiner Nähe nur gemischte Wohngruppen hat. Dann musst du eventuell, wenn du gerne in eine Mädchen- oder in eine Jungenwohngruppe willst, weiter fahren.
- In einigen Jugendamtsbereichen gibt es zusätzlich zur Jugendschutzstelle ein Mädchenkrisenhaus oder eine Zuflucht für Mädchen. In diesen Städten haben sich zumeist engagierte Frauen dafür stark gemacht, dass solche Angebote entwickelt werden. Für Mädchen in Krisen sind solche Hilfen wichtig, weil sie manche Probleme lieber mit Frauen und anderen Mädchen besprechen oder weil sie sich unter Mädchen und Frauen sicherer fühlen, besonders wenn sie sexuelle Gewalt erfahren haben, misshandelt oder bedroht werden oder zwangsverheiratet werden sollen.

Wichtig: Auch wenn es Unterschiede bzgl. der Hilfeangebote in den verschiedenen Jugendamtsbereichen gibt, also Erziehungshilfe nicht überall gleich ist, darf das nicht heißen, dass eine Hilfe für dich danach entschieden wird, welche Angebote es gibt. Vielmehr muss die Frage nach der richtigen Hilfen immer in zwei Schritten beantwortet werden:

1. Was brauchen und wollen du und deine Eltern in eurer persönlichen Situation für Hilfe und Unterstützung? *Und dann*
2. Welches Hilfe- bzw. Betreuungsangebot passt am besten oder kann am besten passend gemacht werden. Manchmal muss vielleicht extra eine Betreuung neu »gestrickt« werden.

Siehe dazu auch »Flexible Hilfen« in Kap. 3.1 ab S. 31.

3.4 Für wen sind Hilfen zur Erziehung da?

Du magst jetzt denken, Hilfen zur Erziehung nach dem Kinder- und Jugendhilfegesetz sind doch wohl für alle Kinder und Jugendlichen da. Das ist auch so und gleichzeitig werden im Gesetz einige »Gruppen« extra benannt. So haben wir schon von Angeboten berichtet, die nur für **Mädchen** oder für **Jungen** da sind (Kap. 3.4.2). Zudem gibt es noch besondere Regelungen für **ausländische Kinder und Jugendliche** (Kap. 3.4.3) oder **von seelischer Behinderung betroffene Mädchen und Jungen** (Kap. 3.4.4). Auf diese Unterschiede und Besonderheiten wollen wir nun genauer eingehen.

3.4.1 Hilfen zur Erziehung sind für Mädchen und Jungen da

Jugendliche sind doch Mädchen und Jungen, wirst du vielleicht sagen, sie haben doch die gleichen Rechte, also warum werden Mädchen und Jungen nochmals als »Extra-Gruppen« erwähnt? Mädchen und Jungen haben natürlich die gleichen Rechte auf Hilfe und Unterstützung, aber sie haben zum Teil unterschiedliche Bedürfnisse und Probleme, reagieren auf manche Probleme unterschiedlich und häufig gibt es auch von Seiten der Erwachsenen unterschiedliche Erwartungen an Mädchen und Jungen. Sicherlich hast du den einen oder anderen Unterschied selbst schon mal in Gesprächen mit Freundinnen, Freunden, in der Clique, in der Schule oder in deiner Familie festgestellt und vielleicht noch den Spruch »Typisch Mädchen« oder »Typisch Junge« im Ohr. Wenn wir nun einige Beispiele nennen, heißt das nicht, dass alle Mädchen und Jungen sich immer so verhalten oder immer dieselben Erwartungen erleben. Mädchen ist nicht gleich Mädchen und Junge nicht gleich Junge. Insgesamt betrachtet, gibt es aber eben doch Unterschiede.

Zum Beispiel erwarten viele Eltern eher von Mädchen im Haushalt mitzuhelfen oder sich um jüngere Geschwister zu kümmern. Oder viele Mädchen kennen die Auseinandersetzungen, wenn es um den Freund oder um das Nachhausekommen geht. Gerade in der Pubertät meinen Eltern oder andere Erwachsene oft, Mädchen besonders beschützen zu müssen. Sich um jemanden sorgen, ist wichtig, aber nicht selten werden daraus Einschränkungen, die Mädchen ungerecht finden und gegen die sie sich wehren. Gerade muslimische Mädchen dürfen häufig aus Sorge um ihre Ehre das Haus nicht unbegleitet verlassen. Oder Mädchen haben viel mehr Stress mit ihrem Körper, vor allem in der Pubertät. Angesichts des heutigen »Schönheitswahn«, mit dem vor allem Mädchen konfrontiert werden, finden sich viele zu dick, ihren Busen zu klein u. ä. So leiden erheblich mehr Mädchen als Jungen unter Essstörungen oder Magersucht. Sie richten ihre Wut gegen sich selbst, indem sie z. B. ritzen oder hungern.

Von Jungen wird immer noch eher erwartet »ihren Mann zu stehen«, später einen Job zu finden und Geld zu verdienen. Wenn es dann in der Schule schlecht läuft, wenig oder keine Aussicht auf einen Schulabschluss und eine Ausbildung besteht, geraten viele Jungen echt unter Druck. Manche sehen dann scheinbar nur noch Möglichkeiten, ihre Stärke mit der Faust oder manchmal auch mit Hilfe von Waffen zu beweisen oder Geld durchs Dealen oder Klauen zu beschaffen. Insofern ist es kein Zufall, dass deutlich mehr Jungen als Mädchen mit dem Gesetz in Konflikt kommen und sich vor dem Jugendgericht verantworten müssen.

Viele Kinder und Jugendliche müssen leider die Erfahrung machen, dass sie in der eigenen Familie nicht beschützt werden. In den letzten 15 Jahren wurde immer mehr bekannt, dass erschreckend viele Mädchen aber auch Jungen von Vätern (selten von Müttern), Stiefvätern oder nahen Bekannten sexuell missbraucht werden. Deutlich wurde, dass nicht nur mehr Mädchen betroffen sind, sondern dass auch Mädchen und Jungen unterschiedlich auf solche schlimmen Erfahrungen reagieren und dass sie deshalb auch unterschiedliche Hilfe und Unterstützung brauchen.

Die Jugendhilfe hat die Bedürfnisse und Probleme von Mädchen lange ungenügend beachtet, was auch heute noch manchmal passiert. Das hat damit zu tun, dass Jugendhilfe eher reagiert, wenn man sich nach Außen hin aggressiv verhält und andere sich dadurch gestört oder bedroht fühlen. Und da sind es die Jungen, die öffentlich mehr auffallen. Aber egal ob ein Mädchen ritzt oder ein Junge klaut, beide haben Anspruch auf Hilfe. Und bei beiden dürfen Pädagogen sich nicht nur daran orientieren, welche Probleme sie machen, sondern muss es darum gehen zu verstehen, welche Probleme für Mädchen und Jungen hinter ihrem Verhalten wirklich stecken.

In dem Kinder- und Jugendhilfegesetz ist deshalb extra ein Paragraph aufgenommen worden, der vorschreibt, dass unterschiedliche Bedürfnisse und Probleme von Mädchen und Jungen berücksichtigt werden, Benachteiligungen abgebaut und Gleichberechtigung gefördert werden soll.

§

§ 9 Nr. 3 KJHG
Gleichberechtigung von Mädchen und Jungen

Bei der Ausgestaltung der Leistungen und der Erfüllung der Aufgaben der Jugendhilfe sind die unterschiedlichen Lebenslagen zu berücksichtigen, Benachteiligungen abzubauen und die Gleichberechtigung von Mädchen und Jungen zu fördern.

Der Paragraph sagt nichts anderes, als dass deine jeweiligen Bedürfnisse, Interessen und Probleme als Mädchen oder als Junge von den Pädagogen und Pädagoginnen in Jugendämtern, Heimen, Wohngruppen oder Pflegefamilien berücksichtigt werden müssen und dass Mädchen und Jungen gleichberechtigt behandelt werden müssen. Wenn du also den Eindruck hast, dass dies nicht der Fall ist, weil z. B. du nicht aussuchen kannst, ob du eine Frau oder einen Mann als Bezugserzieher möchtest, weil es mehr Freizeitangebote für Mädchen oder für Jungen gibt, weil zwar eine Mädchengruppe aber keine Jungengruppe existiert oder umgekehrt, oder weil für Verhütung nur die Mädchen, nicht aber auch die Jungen verantwortlich gemacht werden oder anderes mehr, dann sprich es an. Vielleicht kannst du dir zur Unterstützung ein Mädchen und einen Jungen suchen, die das ähnlich sehen.

Mitarbeiterinnen und Mitarbeiter in Jugendämtern, Einrichtungen und Diensten sind durch diesen Paragraphen aufgefordert, Angebote und Hilfen so zu gestalten, dass sowohl Mädchen als auch Jungen zu ihrem Recht auf angemessene Hilfe und Unterstützung kommen. Dazu gehört, sich kundig zu machen, wie Mädchen und Jungen heute leben, was sie interessiert, was sie für Wünsche und Lebensvorstellungen haben und welche Probleme und Konflikte sie belasten. Im Zuge dieser Diskussionen ist immer wieder deutlich geworden, dass Jugendhilfe oftmals stärker auf die Probleme, die Jungen machen, reagiert. Infolgedessen hat sich seit vielen Jahren eine **Mädchenarbeit** entwickelt, d.h. es sind einige Angebote und Einrichtungen speziell für Mädchen entstanden. Vielleicht gibt es sie auch in deiner Stadt oder in der näheren Umgebung.

Spezielle Freizeitangebote nur für Mädchen werden von Jugendzentren und Mädchentreffs gemacht, manchmal auch in Heimen oder Wohngruppen. Da finden dann Nachmittage oder ganze Tage statt, an denen das Haus ausschließlich für Mädchen offen ist. Hier hast du als Mädchen dann die Möglichkeit, mal nur unter euch zu sein, darüber zu reden, was Mädchen interessiert, was auszuprobieren, zu entdecken und Spaß zu haben. Zur beruflichen Orientierung gibt es Angebote, in denen du dich informieren und ausprobieren kannst, was für Mädchen alles möglich ist. In manchen Städten gibt es extra Beratungsstellen für Mädchen, an die du dich mit allen deinen Fragen wenden kannst. In einigen Städten gibt es ein Mädchenkrisenhaus oder eine Zufluchtstätte, wo du als Mädchen hin kannst, wenn du nicht mehr weiter weißt und von Zuhause weg willst oder musst. Hier wird nichts gegen deinen Willen unternommen und es wird mit dir zusammen überlegt, wie es weitergehen kann.

Mittlerweile gibt es auch eine **Jungenarbeit**. Pädagogen, die sich hier engagieren, machen darauf aufmerksam, dass Jugendhilfe zwar meistens auf die Probleme die Jungen machen, reagiert, aber dass das nicht immer die Probleme sind, die sie tatsächlich haben. Z. B. haben Jungen die gewalttätig reagieren, meistens selbst Gewalt erfahren müssen. So gibt es auch Angebote, die nur für Jungen sind, von Sport- und Freizeitangeboten, über Jungengruppen bis hin zu Gesprächsrunden. Hier können Jungen sich »unter Männern« über ihre Erfahrungen mit dem Junge sein/Mann sein, über den Umgang mit Mädchen, über ihre Interessen und Zukunftsperspektiven austauschen und Neues entdecken und probieren.

Über spezielle Angebote für Mädchen oder Jungen in deiner Stadt oder in der Umgebung kannst du dich beim Jugendamt oder bei Jugendberatungsstellen informieren. Aber Mädchen und Jungen sollen nicht nur in speziellen Mädchen- oder Jungenangeboten zu ihrem Recht kommen, sondern natürlich auch in gemischten Heimen, Wohngruppen, Krisenhäusern usw. Wenn klar ist, dass du in einem Heim, einer Wohngruppe oder Wohngemeinschaft leben willst, solltest du dir überlegen, ob du in einer Mädchen- oder Jungenwohngruppe oder zusammen mit Mädchen und Jungen leben willst.

3.4.2 Hilfen zur Erziehung sind für seelisch behinderte Kinder und Jugendliche da

Im Gesetz wird eine weitere Gruppe extra angesprochen, die Hilfen zur Erziehung in Anspruch nehmen kann: seelisch behinderte Kinder und Jugendliche. Das hört sich für dich sicherlich merkwürdig an. Für uns auch, zumal sich auch Fachleute darüber streiten, was seelische Behinderung genau ist. Bevor wir zu genaueren Erklärungen kommen, erstmal der Paragraph im Gesetz dazu:

§

§ 35a KJHG
Eingliederungshilfe für seelisch behinderte Kinder und Jugendliche

(1) Kinder oder Jugendliche haben Anspruch auf Eingliederungshilfe, wenn 1. ihre seelische Gesundheit mit hoher Wahrscheinlichkeit länger als sechs Monate von dem für ihr Lebensalter typischen Zustand abweicht und 2. daher ihre Teilnahme am Leben in der Gesellschaft beeinträchtigt ist oder eine solche Beeinträchtigung zu erwarten ist.

(2) Die Hilfe wird nach dem Bedarf im Einzelfall 1. in ambulanter Form, 2. in Tageseinrichtungen für Kinder oder in anderen teilstationären Einrichtungen, 3. durch geeignete Pflegepersonen und 4. in Einrichtungen über Tag und Nacht sowie sonstigen Wohnformen geleistet.

Bei einer seelischen Behinderung sollen also zwei Aspekte zusammen kommen: Zum einen eine seelische Störung und zum anderen, dass Kinder und Jugendliche durch eine seelische Störung im normalen Leben sehr behindert werden. Das können z.B. psychische Probleme infolge eines sehr erschütternden (traumatischen) Ereignisses, Angstzustände, Suchterkrankungen, Essstörungen oder Depressionen sein. Damit noch klarer wird, was mit seelischer Behinderung gemeint sein kann und wie eine Hilfe nach § 35a aussehen könnte, hier die Geschichte von Cora.

Cora ist 15 Jahre und ist magersüchtig. Sie denkt den ganzen Tag ans Essen und wie sie am besten drum herum kommt. Oft fühlt sie sich schlapp. Sie kann sich in der Schule nur schlecht konzentrieren und hat oft keine Lust hinzugehen. Ihre Freunde trifft sie auch kaum noch. Mit ihren Eltern hat sie mehr und mehr Stress, weil die ständig versuchen sie zum Essen zu bewegen.

Als auch Coras Eltern nicht mehr weiter wissen, fahren sie mit Cora in eine Kinder- und Jugendpsychiatrie, wo Cora einige Wochen bleibt. Cora wird klar, dass sie Hilfe braucht. Sie und auch ihre Eltern sind der Meinung, dass zu Hause der gleiche Stress wieder los gehen würde. Die Ärztin schlägt Cora vor in eine Jugendwohngemeinschaft zu ziehen. Cora ist einverstanden, ihre Eltern stimmen zu und stellen für Cora einen Antrag beim Jugendamt auf Eingliederungshilfe nach § 35 a KJHG. Cora, die Eltern, das Jugendamt, die Betreuerin aus der Wohngruppe und die Ärztin einigen sich wie folgt: Cora zieht in die WG; die WG hilft ihr, in der Schule, mit ihren Freunden und Eltern klar zu kommen; die Betreuer drängen sie nicht zum Essen und sprechen sie (mit Ausnahmen) nicht auf ihr Essverhalten an, bringen sie aber, wenn es Cora schlecht geht, zum Arzt; Cora macht eine Therapie, in der sie sich mit ihrer Magersucht auseinandersetzt.

Leider ist das aber alles nicht so einfach und unkompliziert wie es in der Geschichte von Cora klingen mag. Eigentlich gibt es keine klaren Festlegungen, wann ein Junge oder ein Mädchen »seelisch behindert« ist. Dies könnte daher einen besonders wilden Jungen ebenso treffen wie ein besonders verschlossenes Mädchen. Wenn also eine Ärztin sagen sollte: »Du bist seelisch behindert«, dann meint sie es wohl gut mit dir und möchte wahrscheinlich auf diesem Wege eine bessere Hilfe für dich herausholen. Genau da kann aber für dich eine große Gefahr lauern: vielleicht wirst du diesen Titel der »seelischen Behinderung« nicht mehr los.

Deshalb darf die »seelische Behinderung« niemals bloß die Eintrittskarte dafür sein, dass du Hilfen zur Erziehung bekommst. Die richtige und notwendige Hilfe muss dir nämlich auch gegeben werden, ohne dass in irgendeinem Gutachten eine »seelische Behinderung« für dich festgestellt ist.

Manchmal kann es aber für dich und deine Eltern leichter sein, bei einem Arzt oder einer Ärztin Hilfe zu suchen. Auch wenn du wegen einer seelischen Erkrankung in einer Klinik Hilfe bekommen hast, ist dir der Arzt oder die Ärztin schon vertrauter. Dann ist es für dich leichter, wenn du über die Regelungen des § 35 a KJHG deine Hilfe einforderst. Lass dir aber immer erklären, weshalb jemand von deiner »seelischen Behinderung« spricht. Und lass dich nicht abwimmeln bis du mit den Antworten zufrieden bist. Alleine ist das nicht immer leicht. Da ist es oft besser, mit einem Menschen deines Vertrauens zu reden.

Wenn du eine Hilfe nach § 35 a KJHG in Anspruch nimmst, gelten alle Beschreibungen in diesem Buch genauso bis auf zwei Ausnahmen. Zum einen hast du bei einer Hilfe für seelisch Behinderte **als Kind oder Jugendlicher einen eigenen Rechtsanspruch auf diese Hilfe**. Du erinnerst dich, dass bei einer Hilfe zur Erziehung die Eltern den Rechtsanspruch haben, das ist hier anders. Wenn du noch nicht älter als 15 Jahre bist, dann beantragen deine Eltern für dich in deinem Namen diese Hilfe. Wenn du schon 16 Jahre alt bist, dann kannst du diese Hilfe nach § 35 a KJHG selbst beim Jugendamt beantragen. Deine Eltern müssen zustimmen, wenn du eine Hilfe außerhalb der Familie in Anspruch nimmst, weil sie, bis du volljährig bist, das Sorgerecht haben und dazu gehört, dass sie auch mitbestimmen, wo du lebst (Aufenthaltsbestimmungsrecht). Und wenn du eine Hilfe außerhalb der Familie annimmst, wechselst du schließlich den Lebensort. Zum anderen muss bei der Eingliederungshilfe für seelisch behinderte Kinder und Jugendliche bei der Aufstellung und Änderung des Hilfeplans sowie bei der Durchführung der Hilfe **ein Arzt beteiligt werden** und, wenn es um Fragen der beruflichen Eingliederung geht, muss auch ein Mitarbeiter des Arbeitsamtes dabei sein.

Warum, warum, warum ...: Du fragst dich nach dem Lesen dieses Kapitels vielleicht, warum es überhaupt einen Extraparagraphen für seelisch behinderte Kinder und Jugendliche gibt, zumal wenn in den meisten Fällen auch Hilfe zur Erziehung in Anspruch genommen werden kann. Und warum wird hier von Eingliederungshilfe und nicht Hilfe zur Erziehung gesprochen? Und warum haben hier Kinder und Jugendliche ein eigenes Anspruchsrecht? Das hat damit zu tun, dass Hilfen für behinderte Menschen und so auch für behinderte Kinder und Jugendliche nicht im Kinder- und Jugendhilfegesetz, sondern in einem anderen Gesetz, dem Bundessozialhilfegesetz geregelt werden. Dort wird zwischen körperlicher, geistiger und seelischer Behinderung unterschieden. Weil es eben schwierig ist festzulegen, was genau unter seelische Behinderung fällt und weil immer schon Kinder und Jugendliche mit seelischen oder psychischen Problemen Hilfen zur Erziehung erhalten haben, hat man die Hilfen für seelisch behinderte Kinder und Jugendliche aus dem Bundessozialhilfegesetz in das Kinder- und Jugendhilfegesetz »verlegt«. Deshalb gibt es durch diese »Verlegung« ins KJHG einen Extra-Paragraphen für seelisch behinderte Kinder und Jugendliche, in dem einige Sachen so gelassen wurden wie im Bundessozialhilfegesetz. So wurde das eigene Anspruchsrecht beibehalten, im Bundessozialhilfegesetz haben alle Behinderten ein eigenes Anspruchsrecht auf Hilfe. Und beibehalten hat man auch den Namen »Eingliederungshilfe«, so heißen die Hilfen für Behinderte im Bundessozialhilfegesetz. Die Aufzählung im Text des § 35 a KJHG macht dir aber deutlich, dass hier alle Formen der Hilfen zur Erziehung gemeint sind, die wir dir im Kap. 3.1 vorgestellt haben.

3.4.3 Hilfen zur Erziehung sind für ausländische Kinder und Jugendliche da!?

Die Rechte und Chancen für Kinder und Jugendliche nach dem Jugendhilfegesetz sollte selbstverständlich auch für ausländische Kinder und Jugendliche gelten. Ausländer ist der- oder diejenige, die keine deutsche Staatsangehörigkeit hat. Schließlich steht ja wörtlich im § 1 des Kinder- und Jugendhilfegesetzes: »Jeder junge Mensch hat ein Recht auf Förderung seiner Entwicklung ...«. Und »jeder« heißt eben alle. Für die meisten ausländischen Kinder und Jugendliche gilt dies auch. Allerdings gibt es im Kinder- und Jugendhilfegesetz dazu auch eine Einschränkung.

§

§ 6 Abs. 2 KJHG
Geltungsbereich

Ausländer können Leistungen nur beanspruchen, wenn sie rechtmäßig oder aufgrund einer ausländerrechtlichen Duldung ihren gewöhnlichen Aufenthalt im Inland haben.

Das heißt, alles was wir in diesem Buch über Hilfen zur Erziehung schreiben, gilt auch für ausländische Kinder und Jugendliche, sofern sie ihren gewöhnlichen Aufenthalt in Deutschland (= Inland) haben. Was bedeutete das nun wieder, könntest du zu Recht fragen. **Gewöhnlicher**

Aufenthalt meint, dass du nicht nur vorübergehend in Deutschland bist. Eine genaue Zeit ist nicht festgelegt, aber du und deine Eltern sollten schon ein paar Monate da sein, und es soll die Aussicht bestehen, dass ihr länger bleibt.

Der Aufenthalt von Ausländern in Deutschland ist im sogenannten Ausländergesetz geregelt. Dort steht unter welchen Bedingungen jemand eine unbefristete oder befristete Aufenthaltsgenehmigung (= rechtmäßiger Aufenthalt) erhält oder unter welchen Bedingungen der Aufenthalt einer Person geduldet (= ausländerrechtliche Duldung) wird. Um das alles genau zu erklären, könnten wir noch ein Buch schreiben. Wir wollen hier aber auf zwei Bereiche eingehen, die für ausländische Kinder, Jugendliche und junge Erwachsene in einzelnen Fällen zum Problem werden können. Zum einen kann es Probleme geben, wenn noch nicht klar ist, ob jemand einen rechtmäßigen oder geduldeten und gewöhnlichen Aufenthalt hat und damit überhaupt eine Hilfe beanspruchen kann. Das ist zum Beispiel der Fall, wenn über den Asylantrag einer Familie noch nicht entschieden wurde, wenn Flüchtlinge (unbegleitete Minderjährige) noch keinen Asylantrag gestellt haben oder wenn ein Aufenthalt zeitlich nur ganz begrenzt bewilligt wird. Zum anderen kann es Probleme geben, weil die Annahme einer Hilfe zur Erziehung zur Ausweisung führen kann. Es gibt im Ausländergesetz einen Paragraphen (§ 46 Nr. 7 AuslG), der vorsieht, dass im Einzelfall jemand ausgewiesen werden kann, der eine Hilfe zur Erziehung oder eine Hilfe für junge Volljährige außerhalb der eigenen Familie (Pflegefamilie, Heim, Wohngruppe, betreutes Wohnen) erhält. Davon können unter bestimmten Bedingungen Minderjährige, die ohne ihre Eltern in Deutschland leben, minderjährige unbegleitete Flüchtlinge und junge Volljährige bedroht sein.

Über die beschriebenen Probleme wird viel diskutiert, weil viele Menschen der Meinung sind: Das kann ja wohl nicht sein, dass es auf der einen Seite ein Gesetz gibt, das für alle Kinder und Jugendlichen Unterstützung und Hilfe vorsieht und auf der anderen Seite ein anderes Gesetz möglicherweise Kinder, Jugendliche und junge Erwachsene ausweist, wenn sie solche Unterstützung und Hilfe in Anspruch nehmen. Weil es aber auch viele Menschen gibt, die der Meinung sind, der Aufenthalt von Ausländern muss streng geregelt werden, gibt es diesen Widerspruch leider noch bis heute.

Probleme gibt es – wie beschrieben – vor allem für Flüchtlingskinder bzw. -jugendliche. In den meisten Fällen erhalten aber auch Flüchtlinge

Hilfen zur Erziehung (auch aufgrund internationaler Abkommen, die Deutschland geschlossen hat und deswegen auch einhalten muss). Auch sind bisher nur in wenigen Fällen Kinder, Jugendliche und junge Volljährige ausgewiesen worden, weil sie eine Hilfe zur Erziehung außerhalb der Familie in Anspruch genommen haben. Dennoch ist eine mögliche Ausweisung eine dauernde Bedrohung. Da aber die rechtliche Situation so kompliziert ist, raten wir insbesondere Flüchtlingskindern und -jugendlichen, Kindern und Jugendlichen, die ohne Eltern in Deutschland leben, Eltern, deren Aufenthaltsmöglichkeit noch nicht geklärt ist und jungen Volljährigen sich gut beraten zu lassen, wenn sie eine Hilfe zur Erziehung in Anspruch nehmen wollen. Das kann ein Anwalt oder eine Anwältin machen, der/die sich gut mit dem Ausländergesetz oder dem Asylverfahrensgesetz auskennt oder eine Beratungsstelle für Ausländer. Arbeiterwohlfahrt, Caritas und Diakonie unterhalten z.B. in vielen Städten und Gemeinden Beratungsstellen für Ausländer. Deren Telefonnummern findest du im Telefonbuch. Du kannst dich auch bei folgenden Adressen informieren, die dir vielleicht auch einen Spezialisten in deiner Stadt oder in deiner Gegend nennen können:

- Pro Asyl, Tel. : 069–230688, www.proasyl.de
- Bundesverband Unbegleitete minderjährige Flüchtlinge, Tel.: 0911–2373753
- Unterstützerkreis für die von Abschiebung bedrohten Kinder und Jugendlichen e.V. Köln, Tel.: 0221–514057, www.unterstützerkreis.de

3.5 Wie bekommst du Hilfe?

So, nun geht es endlich darum, wie du Hilfe bekommen kannst. Diese Frage werden wir dir nun in drei Schritten beantworten. Im ersten Schritt (Kap. 3.5.1) geht es darum, wer eine Hilfe beantragen kann und welche Rechte dabei Kinder, Jugendliche und Eltern haben. Dann (Kap. 3.5.2) wollen wir dich ermutigen, wenn du Hilfe brauchst, etwas zu unternehmen und aktiv zu werden. Welche Möglichkeiten du hast und was dabei wichtig ist bzw. sein kann, dazu geben wir dir ein paar Hinweise. Wie es weiter geht, wenn du oder deine Eltern sich an das Jugendamt gewandt und um Hilfe gebeten haben, darum geht es im dritten Schritt. Hier stellen wir dir die sogenannte Hilfeplanung vor, in der – wie der Name schon sagt – geplant und überlegt wird, welche Hilfe die richtige ist und was weiter passieren soll (Kap. 3.5.3).

3.5.1 Wer kann Hilfen zur Erziehung beantragen: Kinderrechte – Elternrechte

Man könnte ja meinen, dass Hilfen, die für Kinder und Jugendliche da sind, auch von ihnen beantragt werden können. Das ist bei den Hilfen zur Erziehung nicht so. Das Kinder- und Jugendhilfegesetz nennt drei »Gruppen«, die ein sogenanntes Antragsrecht haben, das heißt Hilfen beantragen können: das sind zum einen Personensorgeberechtigte, junge Volljährige und von seelischer Behinderung betroffene Kinder und Jugendliche.

Zu von seelischer Behinderung betroffenen Kindern und Jugendlichen lies in Kap. 3.4.2 ab S. 48.

Wenn du volljährig, also 18 Jahre und älter bist, kannst du selbst eine Hilfe beantragen.

Welche Möglichkeiten du hast, worauf es ankommt und was dabei zu beachten ist lies in Kap. 6 ab S. 130.

Wenn du noch keine 18 Jahre alt, also minderjährig bist, haben deine Eltern oder dein Vormund – sofern du einen hast – das Recht Hilfen zur Erziehung zu beantragen. Warum ist das so und welche Rechte hast du dabei?

Warum haben im Kinder- und Jugendhilfegesetz die Eltern ein Recht auf Hilfe zur Erziehung und können diese beantragen?

Die Erziehung von Kindern und Jugendlichen ist zuallererst das Recht und auch die Pflicht von Eltern. Das hat der Staat schon im deutschem Grundgesetz festgeschrieben, in dem die wichtigsten Rechte stehen. Der Staat hat sich verpflichtet Eltern bei der Erziehung zu unterstützen, weil er davon ausgeht, dass es den Kindern gut geht, wenn die Eltern die Erziehung gut machen. Deshalb haben die Eltern ein Recht auf Hilfe bei der Erziehung ihrer Kinder.

Im Kinder- und Jugendhilfegesetz steht hierzu:

§

§ 27 KJHG
Hilfe zur Erziehung

(1) Ein Personensorgeberechtigter hat bei der Erziehung eines Kindes oder Jugendlichen Anspruch auf Hilfe zur Erziehung, wenn eine dem Wohl des Kindes oder des Jugendlichen entsprechende Erziehung nicht gewährleistet ist und die Hilfe für seine Entwicklung geeignet und notwendig ist.

Das Gesetz spricht nicht von Eltern, sondern von Personensorgeberechtigten. Was heißt das? **Personensorgerecht** heißt, dass Eltern, die für Kinder sorgen, das Recht haben, Entscheidungen für die Person des Kindes zu treffen, bis dieses 18 Jahre alt ist, z. B. Wahl des Kindergarten oder der Schule, medizinische Behandlungen, wo Kinder leben bzw. wohnen, aber auch Fragen, die Freunde, Ausgangszeiten oder Mitarbeit im Haushalt und vieles mehr betreffen. Dieses Sorgerecht ist auch eine Pflicht, weil Eltern Entscheidungen für ihre Kinder so treffen sollen, dass Töchter und Söhne gut aufwachsen und sich entwickeln können.

Also diejenigen, die das Personensorgerecht für ein Kind oder Jugendlichen haben, haben bei Problemen einen Anspruch auf Hilfe zur Erziehung. Sie haben das Recht eine Hilfe, die zu dir passt und die dir hilft, zu beantragen. Meistens sind das deine Eltern. Sind deine Eltern getrennt oder waren bei deiner Geburt nicht verheiratet, kann es auch sein, dass nur deine Mutter oder dein Vater sorgeberechtigt ist.

Wenn Eltern das Wohl ihrer Kinder vernachlässigen oder missachten, sich nicht genug um die Kinder kümmern, sie sogar misshandeln oder missbrauchen, kann das Personensorgerecht vom Familiengericht auf eine andere Person, einen sogenannten Vormund übertragen werden. Der Vormund hat dann das Recht, eine Hilfe zur Erziehung zu beantragen.

Einen Antrag auf Hilfe zur Erziehung stellen

Wir haben ja schon an mehreren Stellen gesagt, dass eine Hilfe zur Erziehung beantragt werden muss und dass Eltern, der Vormund oder junge Volljährige diejenigen sind, die antragsberechtigt sind.

Einen Antrag stellen oder Hilfe zur Erziehung zu beantragen, mag sich für Dich vielleicht kompliziert anhören, ist es aber nicht. Man kann ihn einfach schriftlich oder mündlich stellen. Es reicht, wenn deine Eltern, dein Vormund oder du, sofern du volljährig bist, zum Jugendamt geht und sagt, dass ihr Hilfe braucht. Meistens hat es aber mit dir und deinen Eltern in dem Jugendamt, das für dich zuständig ist, vorher mehrere Beratungsgespräche mit einer Mitarbeiterin des Sozialen Dienstes gegeben. Dabei lernt sie dich, deine Familie und eure Sicht der Probleme kennen. Gleichzeitig prüft das Jugendamt, ob ein Anspruch auf eine Hilfe zur Erziehung besteht und was eure Eltern, ihr selbst und das Jugendamt dazu beitragen könnt. Dann erst bewilligt das Jugendamt eine Hilfe. Das müssen sie schriftlich machen mit einem sogenannten Bewilligungsbescheid.

Bei guter Vorbereitung werden Anträge auf Hilfe zur Erziehung meistens bewilligt. Es kann aber auch sein, dass das Jugendamt einen Antrag ablehnt oder die Antragsteller mit der Hilfeentscheidung des Jugendamtes nicht einverstanden sind. Dann können junge Volljährige, Eltern oder Vormünder als Antragsteller Widerspruch einlegen. Der Widerspruch kann schriftlich an das Jugendamt geschickt werden oder man kann auch persönlich zum Jugendamt gehen und den Widerspruch zu Protokoll geben. Das Jugendamt muss dann neu entscheiden und darüber wiederum schriftlich Bescheid geben. Wenn Eltern, junge Volljährige oder Vormünder mit diesem »Widerspruchsbescheid« immer noch nicht zufrieden sind, können sie vor dem Verwaltungsgericht dagegen klagen. Dazu holt man sich am besten Unterstützung von jemandem, der sich auskennt (z.B. Rechtsanwalt, jemanden aus einer Beratungsstelle oder eine Person eures Vertrauens).

Deine Rechte als Kind und Jugendliche/r!

Dass deine Eltern oder ein Vormund das Personensorgerecht haben und Hilfe zur Erziehung beantragen können, heißt aber nicht, dass deine Meinung nicht zählt!

§

§ 8 Abs. 1 KJHG
Beteiligungsrecht von Kindern und Jugendlichen

Kinder und Jugendliche sind entsprechend ihrem Entwicklungsstand an allen sie betreffenden Entscheidungen der öffentlichen Jugendhilfe zu beteiligen.

Das heißt, deine Vorstellungen und Meinung müssen bei allen Entscheidungen, die dich betreffen, berücksichtigt werden. Dich zu beteiligen meint nicht nur, dich zu fragen oder dich anzuhören, sondern du kannst aktiv auf die Entscheidung und Gestaltung bzgl. einer Hilfe zur Erziehung Einfluss nehmen. Im Gesetz steht noch, dass du entsprechend deines Entwicklungsstandes beteiligt werden sollst. Das heißt: jedes Mädchen oder Junge – egal wie alt – soll nach seinen eigenen Möglichkeiten unterstützt werden, seine Meinung zu äußern. Während kleine Kinder ihre Vorstellungen eher spielerisch ausdrücken, können ältere Kinder und Jugendliche schon besser sagen, was sie wollen. Wenn du deine Meinung und Wünsche äußern willst, müssen diese berücksichtigt werden, auch wenn sie den Vorstellungen der Eltern widersprechen.

Lies Ausführlicheres zur Beteiligung in der Hilfeplanung in Kap. 3.5.3 ab S. 63.

Weil Mädchen und Jungen eigene Vorstellungen und Wünsche haben, die ernst zu nehmen sind, haben sie zudem das Recht, sich in allen Fragen an das Jugendamt zu wenden und sich bei Bedarf auch ohne Kenntnis der Eltern beraten zu lassen. Dazu mehr im nächsten Teil.

3.5.2 Hilfe?! Am Anfang steht immer der erste Schritt

Was kannst du nun tun, wenn es dir nicht gut geht, du Stress hast und alleine nicht mehr klar kommst? Am Anfang steht immer der erste Schritt, und der ist ja häufig besonders schwer. Manchmal fällt es schwer, zu sagen: »Ich brauche Hilfe.« Oder man hat Angst, weil man noch gar nicht weiß, was auf einen zukommt. Deshalb kann es gut und wichtig sein, sich erst mal zu informieren und beraten zu lassen. Es kann auch sein, dass du Mega-Stress hast, in Not bist und ganz schnell was passieren muss.

An wen kannst du dich wenden?

Wenn dir dein Stress über den Kopf wächst, wirst du sicherlich erst einmal versuchen, dich an jemanden zu halten, den du kennst und dem du vertraust. Es ist am besten, wenn du mit Menschen deines Vertrauens reden kannst. Wenn sie dir aber nicht helfen können oder du deine Probleme gerade nicht mit ihnen besprechen willst, was dann?

In vielen Städten gibt es Sorgentelefone, oft auch Kinderbüros oder Beratungsstellen speziell für Kinder und Jugendliche, an die du dich mit deinen Problemen wenden kannst. Das kannst du auch anonym tun, also ohne deinen Namen zu nennen.

Telefonnummern und Adressen findest du ab S. 195.

Du kannst dich aber auch an das nächste Jugendamt wenden – es ist »dein« Jugendamt! Das ist im Kinder- und Jugendhilfegesetz extra festgelegt:

§

§ 8 Abs. 2 KJHG

Kinder und Jugendliche haben das Recht, sich in allen Angelegenheiten der Erziehung und Entwicklung an das Jugendamt zu wenden.

Recht auf Information und Beratung: Sich an das Jugendamt wenden, heißt nicht automatisch »ins Heim zu kommen«. Gemeint ist, dass du selber ein Recht hast, dich beim Jugendamt zu informieren und zu beraten, z. B. darüber welche Hilfemöglichkeiten es gibt, was du in deiner Situation tun kannst, welche Rechte du hast, was auf dich und deine Eltern zukommt, wenn du/ihr eine Hilfe in Anspruch nehmen wollt. Du kannst dich in allen Fragen, die mit deiner Erziehung und Entwicklung zu tun haben an das Jugendamt wenden, d. h. das können auch Fragen zum Taschengeld, zu Ausgangszeiten, zum Hausarrest genauso wie Fragen zu Problemen in der Schule, mit Freunden oder in der Familie sein.

Es ist am besten, wenn du dich an den Sozialen Dienst wendest und dort nach dem zuständigen Sozialarbeiter oder der Sozialarbeiterin für deinen Bezirk (Wohnort oder Stadtteil) fragst. Lass dir an der Information oder im erstbesten Büro sagen, wer vom Allgemeinen Sozialen Dienst (ASD) für dich zuständig ist. Und lass dich nicht abwimmeln! Du hast ein Recht, informiert und beraten zu werden.

Normalerweise sollten, wenn eine Information oder Beratung durch das Jugendamt sinnvoll ist, auch deine Eltern oder dein Vormund dabei sein. Aber manchmal sind die Konflikte gerade mit diesen Menschen so groß, dass du dir genau das gar nicht vorstellen kannst.

Recht auf Beratung ohne Kenntnis der Eltern: Oft haben ja Probleme, die du hast, mit deinen Eltern zu tun. Du fühlst dich von deinen Eltern nicht verstanden, bist misstrauisch, fühlst dich zwischen deinen Eltern hin- und hergerissen oder hast sogar Angst, weil es schon mal Schläge setzt. Oder jemand in deiner Familie hat dich zum Geheimnis verpflichtet, weil er dir verbotenerweise im wahrsten Sinne des Wortes viel zu nah auf die Pelle rückt und dich sexuell belästigt oder missbraucht. Oder deinen Eltern ist die Ehre der Familie überaus wichtig und Probleme sollen deshalb gar nicht nach außen dringen.

Dann ist es verständlich, wenn du Angst hast, dich an das Jugendamt zu wenden, weil – wenn deine Eltern davon erfahren – womöglich alles nur noch schlimmer wird. Für solche Situationen sieht das Gesetz vor, dass du dich auch ohne Wissen deiner Eltern beraten lassen kannst. Diese Regelung ist für dich wichtig, deshalb auch hier der Wortlaut des Gesetzes.

§

§ 8 Abs. 3 KJHG

Kinder und Jugendliche können ohne Kenntnis der Personensorgeberechtigten beraten werden, wenn die Beratung aufgrund einer Not- und Konfliktlage erforderlich ist und solange durch die Mitteilung an der Personensorgeberechtigten der Beratungszweck vereitelt würde.

Hört sich kompliziert an, meint aber, dass sich deine Situation durch eine Beratung nicht noch verschlimmern darf, wenn deine Eltern davon erfahren würden. Schließlich soll die Beratung dir ja weiter helfen und deine Probleme nicht noch vergrößern. Wenn du also diese Befürchtung hast, sage gleich, wenn du dich ans Jugendamt wendest, dass du große Probleme mit deinen Eltern hast und die von dieser Beratung nichts wissen sollen und versichere dich, dass dir entsprechende Verschwiegenheit zusagt wird. Wenn du dich vom Jugendamt ohne deine Eltern beraten lassen willst, kannst du dich auch von einer Person deines Vertrauens begleiten lassen.

Manchmal ist es so, dass Mädchen oder Jungen es »keine Minute« länger zu Hause aushalten, weil sie misshandelt oder bedroht werden oder Probleme, die es schon länger gibt, nicht mehr zu ertragen sind. Wenn du nicht mehr nach Hause kannst oder willst, aber auch nicht weißt wohin, dann kannst du in einem Kinder- und Jugendnotdienst, in einem Krisenhaus oder einer Jugendschutzstelle vorübergehend Unterschlupf und Schutz finden.

Über dieses Angebot haben wir schon in Kapitel 3.1 informiert. Solch ein »Angebot in Not« – im Gesetz heißt es »Inobhutnahme« – muss jedes Jugendamt bereithalten, denn du hast ein **Recht auf Obhut** (vgl. Kap. 3.1, S. 33). Dieses Recht hast du nicht nur, wenn du Zuhause nicht mehr bleiben kannst oder willst, sondern auch, wenn du es z. B. in einer Wohngruppe oder bei Pflegeeltern nicht mehr aushältst.

Was heißt Obhut bzw. Inobhutnahme? Das Wort »Obhut« mag sich für dich etwas komisch anhören, es meint die vorläufige Unterbringung eines Kindes oder Jugendlichen in Eil- und Notfällen.

Vorläufige Unterbringung heißt zum einen, dass die Inobhutnahme nie eine längerfristige Unterbringung sein soll, sondern nur solange dauern soll, bis – in Zusammenarbeit mit den Sozialarbeiterinnen vom Jugendamt – geklärt ist, was weiter passiert. Ob z. B. die Probleme zu Hause soweit gelöst werden können, dass du wieder zurück gehst oder ob du in eine Wohngruppe oder in ein betreutes Wohnen ziehst.

Zum anderen heißt vorläufige Unterbringung nicht nur, dass du **1. einen Platz zum Schlafen** hast, sondern auch, dass du **2. eine gute Versorgung** (Essen, Kleidung, Arztbesuche etc.) und dass du **3. eine fachliche Beratung** erhältst, d. h. dass Sozialpädagoginnen und Sozialarbeiter für dich da sind, die dir und deinen Eltern helfen zu klären, was los ist und zu entscheiden, wie es weiter geht.

Wo kannst du im Rahmen einer Inobhutnahme untergebracht werden? Wir haben schon von Krisenhäusern, Jugendschutzstellen und -notdiensten oder Mädchenkrisenhäusern gesprochen. Nicht in jeder Stadt gibt es die gleichen Angebote. Insgesamt gibt es drei Möglichkeiten, wo Kinder und Jugendliche in einer Notsituation untergebracht werden können und zwar

1. bei einer geeigneten Person oder
2. in einer Einrichtung oder
3. in einer sonstigen betreuten Wohnform (§ 42 Abs. 1 KJHG).

Zu 1: Dies können Pädagogen oder Familien sein, die Mädchen und Jungen vorläufig bei sich zu Hause aufnehmen (»Bereitschaftspflegestellen«). Es könnte auch eine Verwandte von Dir sein, bei der du solange bleiben kannst. Das Jugendamt prüft in jedem Fall, ob diese Personen oder Familien geeignet sind, d.h. dass du dort gut aufgehoben bist.

Zu 2: Die meisten Jugendämter arbeiten mit einer extra Einrichtung für Kinder und Jugendliche in Not zusammen. Hierunter fallen die schon genannten Jugendschutzstellen oder Krisenhäuser. Die Telefonnr. oder Adresse kannst du beim Jugendamt, im Jugendzentrum oder auch bei der Schulsozialarbeiterin erfahren. Eine Jugendschutzstelle, ein Krisenhaus oder ein Mädchenkrisenhaus kannst du dir wie eine Wohngruppe vorstellen. Es gibt ein Haus, in dem die Mädchen und Jungen ein Zimmer (manchmal Einzelzimmer, manchmal auch Doppelzimmer) haben, es gibt ein Wohnzimmer und eine Küche. Soweit möglich gehen die Kinder und Jugendlichen in der Zeit der Inobhutnahme weiter zur Schule und können sich nachmittags auch mit ihren Freunden treffen. Wie in einer Wohngruppe gibt es auch hier einige Regeln, z.B. bzgl. Ausgang, Essenszeiten, Fernsehen, Besuche etc. , damit das Zusammenleben möglichst reibungslos klappt. Es sind dort Pädagoginnen oder Sozialarbeiter tätig, von denen immer jemand – auch nachts – da ist.

Manchmal bieten auch Wohngruppen, in denen Kinder und Jugendliche länger leben, die Möglichkeit, dass ein Mädchen oder ein Junge für die Zeit einer Inobhutnahme bei ihnen wohnen kann.

Zu 3: Mit einer sonstigen Wohnform sind in der Regel Möglichkeiten des betreuten Einzelwohnens gemeint. Du könntest hier vorläufig z.B. in einem Appartement oder einer kleinen Wohnung wohnen, in der du dich weitgehend alleine versorgst. Selbstverständlich ist ein Pädagoge für dich zuständig, der mit dir klärt, was los ist, wie es weiter gehen kann, dich zum Jugendamt begleitet und dich in Gesprächen mit deinen Eltern unterstützt. Das Jugendamt muss sich bei der Inobhutnahme in einer sonstigen Wohnform – wie es im Gesetz heißt – davon überzeugen, ob du damit auch klar kommst.

Also wenn du in Not bist und ganz schnell von Zuhause weg musst oder auf keinen Fall dorthin zurück willst, erkundige dich, welche Angebote es in deiner Stadt, deiner Gemeinde oder deinem Umkreis gibt. Dann mußt du für dich entscheiden, ob du vielleicht lieber in einer Jugendschutzstelle mit Mädchen und Jungen oder lieber in einem Mädchenkrisenhaus oder vielleicht lieber in einer Familie sein willst. Du erhältst in jedem Fall Unterstützung und Beratung durch Sozialpädagogen, damit mit dir und deinen Eltern eine Entscheidung gefunden werden kann, wie es weiter gehen soll. Aber das Jugendamt entscheidet dann über die konkrete Bewilligung.

Was passiert während der Inobhutnahme? Während der Inobhutnahme, also während deines Aufenthaltes in einer Jugendschutzstelle oder einem Mädchenkrisenhaus, übt das Jugendamt vorübergehend Teile des Personensorgerechts aus und zwar das Recht auf Beaufsichtigung, Erziehung und das Aufenthaltsbestimmungsrecht. D.h. Fragen, die z.B. die Schule, deine Freizeitgestaltung oder deinen Ausgang betreffen, klärt das Jugendamt oder die Betreuer in der Jugendschutzstelle mit dir.

Das Jugendamt oder die Pädagoginnen, die dich betreuen, müssen umgehend deine Eltern über deine Inobhutnahme informieren. Sollten die Eltern auf deine Rückkehr nach Hause drängen, obwohl dir dort Gefahr droht, so haben die Sozialarbeiter das Familiengericht anzurufen. Bis zu einer Entscheidung des Gerichtes ist dir Schutz zu gewähren, d.h. dass du dann auf jeden Fall in der Schutzstelle oder dem Krisenhaus bleiben kannst. **Sobald du dich in einer Inobhutnahmestelle befindest, ist dir unverzüglich Gelegenheit zu geben, eine Person deines Vertrauens zu benachrichtigen** (§ 42 Abs. 1 KJHG). Du bestimmst, wen du anrufen oder benachrichtigen möchtest. Auch das ist ein wichtiges Recht für dich, weil es in einer schwierigen Situation hilfreich sein kann, mit jemanden zu sprechen, den man schon länger kennt und dem man vertraut.

Während der Inobhutnahme sind Pädagoginnen oder Sozialarbeiter für dich zuständig, um dir zu helfen und dich zu beraten. Dabei geht es darum zu klären, was genau los ist, welche Probleme du hast und welche Konflikte es zwischen dir und deinen Eltern gibt. Die Pädagogen müssen dich dann beraten, welche Möglichkeiten der Hilfe und Unterstützung es für dich und deine Eltern gibt und wie es weitergehen kann. Während der Inobhutnahme wird es Gespräche mit dem Jugendamt und deinen Eltern geben, um zu einer Entscheidung zu kommen, wie es nun weiter geht. Manchmal können in solchen Gesprächen Probleme zwischen

Eltern und Kindern soweit geklärt werden, dass Mädchen und Jungen wieder zu ihren Eltern zurückkehren. Aber genauso kann es zu einer Entscheidung kommen, dass du z. B. in eine Wohngruppe, ein betreutes Wohnen oder eine Pflegefamilie ziehst.

Die Entscheidung über eine geeignete und passende Hilfe wird immer im Rahmen der Hilfeplanung getroffen und zu der kommen wir jetzt.

3.5.3 Wie geht es dann weiter? Entscheidung, Planung und Überprüfung einer Hilfe – Hilfeplanung

Wenn Kinder, Jugendliche und/oder Eltern sich an das Jugendamt wenden und eine Hilfe zur Erziehung in Anspruch nehmen wollen, sollen die Mitarbeiter des Jugendamtes gemeinsam mit den Kindern, Jugendlichen und Eltern überlegen und entscheiden, welche Hilfe die Richtige ist. Und anschließend sollen alle Beteiligten gemeinsam in regelmäßigen Abständen überprüfen, ob die Hilfe weiterhin hilfreich und passend ist. Hiermit haben wir kurz das zusammengefasst, was man **Hilfeplanung** oder Hilfeplanverfahren nennt. Da eine Hilfe zur Erziehung dir und deinen Eltern helfen soll, ist es ganz wichtig, dass du und deine Eltern mit einer Hilfe einverstanden seid, sonst würde das Ganze wahrscheinlich wenig nützen. Deshalb hat der Gesetzgeber extra festgelegt, dass die Sozialarbeiter **gemeinsam** mit den Kindern und Jugendlichen sowie den Eltern oder jungen Volljährigen über eine Hilfe entscheiden. Dazu gibt es den § 36 im Kinder- und Jugendhilfegesetz, der den Titel »Mitwirkung, Hilfeplan« hat. Der Titel soll schon deutlich machen, dass die Mitwirkung von Kindern, Jugendlichen und Eltern bei der Hilfeplanung wichtig ist.

Mädchen und Jungen haben genauso ein Recht wie die Eltern auf Mitwirkung und Beteiligung bei der Hilfeplanung! Auch wenn die Eltern das Antragsrecht haben, also diejenigen sind, die eine Hilfe beantragen können, so wird im § 36 KJHG kein Unterschied zwischen Kindern und Jugendlichen einerseits und Eltern andererseits gemacht. Das zu wissen ist für dich von großer Bedeutung, denn d. h. es darf nicht über deinen Kopf hinweg über eine Hilfe beraten und entschieden werden!

Damit du dir den Ablauf der Hilfeplanung besser vorstellen kannst, stellen wir dir zunächst die vier Schritte vor, die gesetzlich vorgesehen sind. Danach geben wir dir ein paar Tipps, die dir helfen können, deine

Meinung im Hilfeplangespräch zu vertreten. Aber nun erst zu den vier Schritten:

1. Beratung, Information, Klärung
2. Auswahl einer Einrichtung
3. Aufstellung eines Hilfeplans
4. regelmäßige Überprüfung und Fortschreibung

zu 1.: Beratung, Information, Klärung

Wenn du und/oder deine Eltern euch an das Jugendamt wendet, weil ihr Hilfe braucht, werdet ihr zunächst aufgeklärt und beraten. Darauf habt ihr einen gesetzlichen Anspruch. Schließlich muss man wissen, welche Hilfemöglichkeiten es gibt, welche Rechte und Pflichten man hat und was auf einen zukommt bevor man sich entscheidet. Die hierzu wichtige Bestimmung im Gesetz lautet:

§

§ 36 Abs. 1 KJHG
Mitwirkung, Hilfeplan

Der Personensorgeberechtigte und das Kind oder der Jugendliche sind vor der Entscheidung über die Inanspruchnahme einer Hilfe und vor einer notwendigen Änderung von Art und Umfang der Hilfe zu beraten und auf mögliche Folgen für die Entwicklung des Kindes oder des Jugendlichen hinzuweisen.

Also bevor ihr eine Hilfe in Anspruch nehmt, aber auch wenn eine Hilfe geändert wird, du z. B. aus einer Wohngruppe ins betreute Wohnen ziehst, hast du ein Recht auf umfassende Aufklärung und Beratung. Frag daher alles nach, was du wissen möchtest oder wenn dir etwas nicht klar ist!

Zu dieser Beratungsphase, die vor einer Entscheidung über eine Hilfe steht, gehört auch, dass das Jugendamt mit dir und deinen Eltern klärt, was los ist, welche Probleme es gibt. Nur wenn genauer klar ist, was eure Probleme, aber auch eure Möglichkeiten, Vorstellungen und Wünsche sind, kann das Jugendamt euch eine passende Hilfe vorschlagen. Hier ist auch deine Meinung gefragt: wie siehst du die Situation zu Hause, das Verhältnis zu deinen Eltern, was möchtest du auf keinen Fall, was sind deine Erwartungen und Vorstellungen bzgl. einer Hilfe. Die Mitarbeiterin des Jugendamtes wird dazu in der Regel mehrere Gespräche mit dir und deinen Eltern führen. Wenn du das möchtest, kannst du auch alleine mit der Sozialarbeiterin oder dem Sozialarbeiter vom Jugendamt reden. Gerade wenn du Probleme und Stress mit deinen Eltern hast, ist es vielleicht leichter erst mal alleine mit der Sozialarbeiterin bzw. dem Sozialarbeiter zu reden.

Auch in der Hilfeplanung gilt Datenschutz!

Gerade wenn man im Rahmen der Hilfeplanung darüber spricht, was los ist, welche Probleme es gibt, kommen auch viele vertrauliche und intime Sachen auf den Tisch. Und es ist wichtig, dass du mit deinem Jugendamt offen und vertrauensvoll sprechen kannst.

Dein Vertrauen ist aber auch gesetzlich geschützt durch den sogenannten Datenschutz. Mit Daten sind Informationen über dich und deine Familie gemeint. Das Gesetz sieht vor, dass das Jugendamt nur die Daten und Informationen erheben darf, die zur Erfüllung der jeweiligen Aufgabe notwendig sind. Man darf dich also nicht nach »Gott und der Welt« befragen. Vielmehr muss dir der Zweck der Fragen erklärt werden. Auch dürfen erforderliche Daten und Informationen – bis auf wenige Ausnahmen – nur beim Betroffenen, also dir und deinen Eltern, erhoben und nur zu dem Zweck, zu dem sie eingeholt wurden, genutzt und weiter gegeben werden.

Lies dazu auch »Datenschutz« in Kap. 8, ab S. 141.

zu 2.: Auswahl einer Einrichtung

Wenn dann nach mehreren Gesprächen klarer wird, welche Hilfe für dich und deine Eltern die Richtige sein könnte, wird das Jugendamt euch einen Dienst (z.B. sozialpädagogische Familienhilfe) oder eine Einrichtung (Heim, Wohngruppe, Pflegefamilie etc.) vorschlagen. **Bei einer Hilfe außerhalb der Familie hast du das Recht die Einrichtung oder Pflegestelle mit auszuwählen**.

§ 36 Abs. 1 KJHG
Mitwirkung, Hilfeplan

Ist Hilfe außerhalb der eigenen Familie erforderlich, so sind der Personensorgeberechtigte und das Kind oder der Jugendliche bei der Auswahl der Einrichtung oder der Pflegestelle zu beteiligen. Der Wahl und den Wünschen ist zu entsprechen, sofern sie nicht mit unverhältnismäßigen Mehrkosten verbunden sind.

Sieh dir also, bevor du dich für eine Wohngruppe oder ein Heim entscheidest, die Einrichtung an, lerne die Betreuerinnen und Betreuer oder die Pflegeeltern kennen. Manchmal können sich Mädchen und Jungen besser entscheiden, wenn sie sich zwei Wohngruppen angeschaut haben. Frag beim Jugendamt danach, wenn sie dir dies nicht selbst anbieten. Das setzt natürlich voraus, dass es zwei Wohngruppen in der Stadt gibt, in der du leben möchtest und die dann auch beide einen Platz frei haben. Häufig ist es auch möglich in einer Wohngruppe, einem Heim oder einer Pflegestelle ein paar Tage zur Probe zu wohnen. So hast du die Möglichkeit dir ein eingehendes Bild zu machen und auch die anderen Kinder und Jugendlichen kennen zu lernen.

zu 3.: Aufstellung eines Hilfeplans

Wenn mit den Sozialarbeitern des Jugendamtes geklärt ist, dass du und deine Eltern Hilfe braucht und welche Hilfe (z. B. soziale Gruppenarbeit, Tagesgruppe oder Wohngruppe) am besten geeignet ist, dann wird ein sogenannter Hilfeplan aufgestellt. Bei dem Gespräch über den Hilfeplan sind auch die Personen dabei, die die konkrete Hilfe anbieten, z. B. die Betreuerin aus der Wohngruppe, die Familienhelferin oder die Pflegeeltern. Nach Absprache können auch andere Personen, die mit dir oder deinen Eltern zu tun haben, zum Hilfeplangespräch eingeladen werden (z. B. Lehrer, Psychologin usw.). Im Gesetz heißt es dazu:

§ 36 Abs. 2 KJHG
Mitwirkung, Hilfeplan

(2) (...) Als Grundlage für die Ausgestaltung der Hilfe sollen sie (*die Fachkräfte des Jugendamtes*) zusammen mit dem Personensorgeberechtigten und dem Kind oder dem Jugendlichen einen Hilfeplan aufstellen, der Fest-

stellungen über den erzieherischen Bedarf, die zu gewährende Art der Hilfe sowie die notwendigen Leistungen enthält; sie sollen regelmäßig prüfen, ob die gewählte Hilfeart weiterhin geeignet und notwendig ist. Werden bei der Durchführung der Hilfe andere Personen, Dienste oder Einrichtungen (*hiermit sind Pflegeltern, Familienhilfe, Heime, Wohngruppen usw. gemeint*) tätig, so sind sie oder deren Mitarbeiter an der Aufstellung des Hilfeplans und seiner Überprüfung zu beteiligen.

In dem Hilfeplangespräch wird also besprochen, auf Grund welcher Problemlage du und deine Eltern eine Hilfe benötigt, wie die Hilfe und Unterstützung konkret aussehen soll, wann die Hilfe beginnen soll und wie lange sie voraussichtlich dauern soll. Dies und weitere Einzelheiten werden im Ergebnis schriftlich in einem Hilfeplan festgehalten. Der schriftliche Hilfeplan muss auch deine Meinung zu der geplanten Hilfe wiedergeben.

Für die Aufstellung eines Hilfeplanes haben die Jugendämter meistens eine Vorlage, die aber nicht in allen Jugendämtern genau gleich ist. Damit du dir vorstellen kannst, wie so eine Vorlage aussehen kann, stellen wir dir hier ein Muster vor:

Hilfeplan

Zuständiges Jugendamt: ....

SozialarbeiterIn: ....

Hilfeplan für:..

Name; Vorname Geburtsdatum

Sorgeberechtigte(r): ....

Einrichtung/Dienst: ....

Gesprächsteilnehmer: ....

1. Was brauchen/erwarten die Leistungsberechtigten?
   - des Kindes/Jugendlichen
   - der Eltern/Sorgeberechtigten
   - des Jugendamtes
   - ggf. aus Sicht der/des betreuenden Einrichtung/Dienstes
2. Welche Art der Hilfe erscheint geeignet
   - aus Sicht des Kindes/Jugendlichen
   - der Eltern/Sorgeberechtigten
   - des Jugendamtes
   - ggf. aus Sicht der/des betreuenden Einrichtung/ Dienstes
3. Welche Hilfeart wurde ausgewählt?
4. Wann soll die Hilfe beginnen?
5. Bis wann soll die Hilfe dauern?
6. Welche Ziele und Handlungsschritte sollen umgesetzt werden?
   - aus Sicht des Kindes/Jugendlichen
   - der Eltern/Sorgeberechtigten
   - des Jugendamtes
   - ggf. aus Sicht der/des betreuenden Einrichtung/ Dienstes
7. Welche pädagogischen/therapeutischen Leistungen soll die Einrichtung/der Dienst anbieten?
8. Was erwartet die Einrichtung/der Dienst von den Eltern und von den Minderjährigen?
9. Wann soll der Hilfeplan überprüft und fortgeschrieben werden?

Datum:

Unterschrift aller Beteiligten:

Nachdem der Hilfeplan erarbeitet worden ist, schreibt das Jugendamt einen Bewilligungsbescheid über die vereinbarte Hilfe. Dieser Bewilligungsbescheid ist für deine Eltern, für deinen Vormund oder für dich als junge/r Volljährige/r bestimmt. Eine Ausfertigung des schriftlichen Hilfeplanes ist auch dir als Kind oder Jugendliche/r auszuhändigen. Schließlich warst du ja bei seiner Erstellung beteiligt.

zu 4.: Regelmäßige Überprüfung und Fortschreibung

Wenn die Hilfe bzw. Betreuung angefangen hat, treffen sich alle Beteiligten in regelmäßigen Abständen zu einem Hilfeplangespräch, um sich darüber auszutauschen, wie die Hilfe/Betreuung läuft, ob es so weiter laufen kann oder ob vielleicht Veränderungen vorgenommen werden müssen. Diese regelmäßige Überprüfung soll mindestens alle sechs Monate stattfinden, bei Bedarf kann sie aber auch häufiger durchgeführt werden. Meistens bespricht man in jedem Hilfeplangespräch, wann man sich das nächste Mal treffen will und das Jugendamt lädt dann zum besprochenen Termin ein. Wenn du schon vorher den Eindruck hast, dass es z. B. irgendwie nicht richtig läuft oder du es in einer Wohngruppe nicht mehr aushältst, dann kannst du jederzeit um ein Hilfeplangespräch bitten.

Auch bei diesen Hilfeplangesprächen, die der regelmäßigen Überprüfung dienen, werden die Ergebnisse in einem Protokoll festgehalten, das alle Beteiligten – also auch du – erhalten (Fortschreibung). Dafür haben die meisten Jugendämter ebenfalls eine Vorlage, die sich von Jugendamt zu Jugendamt unterscheiden kann. Auch hier stellen wir dir als Beispiel ein Muster vor.

Fortschreibung des Hilfeplans

Zuständiges Jugendamt: ....

SozialarbeiterIn: ....

Überprüfung des Hilfeplans für: ....

Name; Vorname Geburtsdatum

Sorgeberechtigte(r): ....

Einrichtung/Dienst: ....

Gesprächsteilnehmer: ....

1. War die Hilfe bisher sinnvoll/erfolgreich?
   - aus Sicht des Kindes/Jugendlichen
   - der Eltern/Sorgeberechtigten
   - des Jugendamtes
   - aus Sicht der/des betreuenden Einrichtung/ Dienstes

2. Welche Ziele und Handlungsschritte konnten umgesetzt werden, welche nicht?

4. Soll die Hilfe fortgesetzt werden?
   (Bei unterschiedlicher Einschätzung dies bitte mit Begründung anmerken! Falls eine andere Hilfe gewünscht wird, dies begründen und dann wie in Hilfepan (s. o.) ab Punkt 2.)
5. Welche Ziele und Handlungsschritte sollen im weiteren verfolgt werden?
   - aus Sicht des Kindes/Jugendlichen
   - der Eltern/Sorgeberechtigten
   - des Jugendamtes
   - aus Sicht der/des betreuenden Einrichtung/ Dienstes

6. Wann soll der Hilfeplan fortgeschrieben werden?

7. Falls die Hilfe beendet wird:
   Sind alle Beteiligten mit der Beendigung einverstanden?
   Bei unterschiedlicher Einschätzung bitte kurz die unterschiedlichen nPositionen darstellen.
   Wann wird die Hilfe beendet?

Datum:

Unterschrift aller Beteiligten:

Was dir helfen kann, deine Meinung im Hilfeplangespräch zu vertreten!

Deine Beteiligung in der Hilfeplanung ist gesetzlich gesichert. Gleichzeitig erzählen Mädchen und Jungen, dass es nicht immer leicht ist, seine Meinung im Hilfeplangespräch zu vertreten, z. B. weil man häufig mit vielen Erwachsenen zusammensitzt, aufgeregt ist, sich vielleicht nicht so richtig zu reden traut, nicht so richtig weiß, was einen erwartet oder man vielleicht eine andere Meinung vertritt. Die Mitarbeiter des Jugendamtes oder auch der Einrichtung sollen Hilfeplangespräche so gestalten, dass es Kindern und Jugendlichen leichter fällt sich einzubringen, z. B. Mädchen und Jungen vorher informieren, welche Themen anstehen, nicht über Kinder, sondern mit Kindern reden, eine verständliche Sprache benutzen, nicht zu lange Gespräche führen, die Möglichkeit zu Einzelgesprächen anbieten usw.

Vor dem Hintergrund verschiedener Gespräche mit Mädchen und Jungen, die schon mehrere Hilfeplangespräche erlebt haben, geben wir dir hier einige Tipps, die dir helfen können, dich im Hilfeplangespräch mit deiner Meinung und deinen Wünschen einzubringen:

- **Vorbereitung**
  - Überlege vor dem Gespräch, was du auf jeden Fall besprechen möchtest. Was möchtest du erzählen? Wie findest du die Betreuung/Hilfe? Hast du Fragen? Was sind deine Wünsche an die Betreuer, die Mitarbeiterin des Jugendamtes oder deine Eltern? Wo möchtest du Unterstützung? usw. Vielleicht machst du dir dazu Notizen, damit du nichts vergisst.
  - Du kannst dich zur Vorbereitung mit jemandem besprechen. Das kann deine Betreuerin bzw. dein Betreuer sein, das kann auch die Mitarbeiterin des Jugendamtes sein, deine Eltern oder ein Freund bzw. eine Freundin. Wichtig ist, dass es eine Person deines Vertrauens ist. Sie kann dir auch helfen, etwas aufzuschreiben oder du kannst sie bitten dich im Gespräch zu unterstützen oder für dich deine Themen, Fragen und Wünsche einzubringen.
  - Sicher hast du auch Vorstellungen oder Wünsche, die dir in Bezug auf den Ablauf des Gespräches wichtig sind. Wo soll deiner Meinung nach das Gespräch stattfinden? Neben wem möchtest du gerne sitzen, neben wem nicht? Möchtest du auch alleine mit dem Jugendamt reden? usw. Teile deiner Betreuerin oder deinem Betreuer oder deinem Jugendamt deine Wünsche und Vorstellungen vor dem Gespräch mit, damit sie sie berücksichtigen können.
  - Frag deine Betreuer und dein Jugendamt, was sie im Hilfeplangespräch besprechen wollen, damit du weißt, was auf dich zukommt. Manche Betreuer schreiben vor dem Hilfeplangespräch einen Bericht über die bisherige Betreuung. Meistens besprechen die Betreuer den Bericht vorher mit den Kindern

und Jugendlichen. Ist dies nicht der Fall, frag nach, denn solche Berichte müssen auch dir als Mädchen oder Junge zugänglich gemacht werden.

- **Beistand**
  Mädchen und Jungen berichten immer wieder, dass es wichtig ist, im Hilfeplangespräch jemanden auf seiner Seite zu haben. Das ist bei manchen die Betreuerin oder der Betreuer. Andere fühlen sich gut durch ihre Mutter oder ihren Vater unterstützt. Es kann aber auch sein, dass du dich von keiner der Personen, die an deinen Hilfeplangesprächen beteiligt sind so richtig unterstützt fühlst. Dann kannst du auch eine andere Person hinzuziehen, die dir hilft oder die für dich spricht. Diese Möglichkeit ist gesetzlich geregelt und zwar im Zehnten Sozialgesetzbuch, das Bestimmungen enthält, die auch das Kinder- und Jugendhilfegesetz betreffen. Da heißt es: § 13 Abs. 4 SGB X: »Ein Beteiligter (*also du*) kann zu Verhandlungen und Besprechungen (*dem Hilfeplangespräch*) mit einem Beistand erscheinen. Das von dem Beistand Vorgetragene gilt als von dem Beteiligten vorgebracht, soweit dieser nicht unverzüglich widerspricht.«

- **Was tun, wenn du anderer Meinung bist als deine Eltern?**
  Es kann sein, dass du mit deinen Eltern oder deinem Vormund nicht klar kommst und ihr ganz unterschiedlicher Meinung seid, z.B. darüber, ob eine Hilfe notwendig ist oder nicht. Welche Möglichkeiten hast du dann? Hier bist du als Minderjähriger, als Mädchen oder Junge, die/der noch keine 18 Jahre alt ist und damit selbst keinen Anspruch auf Hilfen zur Erziehung hat, in einer schwierigen Situation. Dennoch gibt es Möglichkeiten:
  - Zunächst kannst du dich alleine mit deinem Jugendamt beraten, ohne dass deine Eltern oder den Vormund etwas davon erfahren müssen

    Lies dazu ausführlich in Kap. 3.5.2, S. 59.

  - Vielleicht fällt dir eine Person deines Vertrauens ein (siehe auch Beistand im Punkt »Vorbereitung«), die zwischen dir und deinen Eltern bzw. deinem Vormund vermitteln kann.
  - Wenn auch die Sozialarbeiterin oder der Sozialpädagoge im Jugendamt der Meinung ist, dass du eine Hilfe zur Erziehung benötigst und du diese auch selbst wünschst, aber deine Eltern strikt dagegen sind, kann ein sogenannter Verfahrenspfleger

bestellt werden, der sich als erfahrener Erwachsener um die Sicherung deiner Interessen bemüht und zu vermitteln versucht.

- Die andere, schwierigere Möglichkeit im Konfliktfall ist, dass deinen Eltern teilweise oder komplett das Sorgerecht für dich entzogen wird. Ein Sorgerechtsentzug erfolgt nach einer Verhandlung vor dem Familiengericht und nur, wenn es dir bei deinen Eltern schon sehr schlecht gegangen ist

Zum Sorgerecht lies ab S. 160.

- Fällt im gerichtlichen Verfahren eine Entscheidung, mit der du auf keinen Fall einverstanden bist, kannst du, wenn du 15 Jahre und älter bist, selbstständig Beschwerde einlegen.

Lies dazu »Anhörung und Beschwerderecht« ab S. 166.

4 Die Krise zu Hause meistern

Manchmal ist es zu Hause ziemlich schwierig. Du hast das Gefühl, dass du es kaum aushalten kannst.

Das Kinder- und Jugendhilfegesetz hält hierfür eine Reihe von Hilfemöglichkeiten bereit. Wir wollen dir dabei behilflich sein, aus der Vielfalt von Möglichkeiten die richtige Form von Betreuung für dich auszuwählen. Die Beispiele, die in diesem Kapitel beschrieben werden, betreffen Hilfemaßnahmen, die du in Anspruch nehmen kannst, während du zu Hause wohnen bleibst.

4.1 Erziehungsberatung

Am Anfang des Buches haben wir von den ganz normalen Problemen und Krisen von Mädchen und Jungen und ihren Familien gesprochen. Mit dem Aufwachsen sind eben immer wieder auch neue Anforderungen verbunden.

Die meisten dieser Probleme kannst du mit deiner Familie selbst lösen. Es kann jedoch auch vorkommen, dass du alleine nicht mehr klarkommst und auch deine Eltern ratlos sind. In diesen Situationen brauchst du Rat. Diesen Rat kannst du dir bei einer Erziehungsberatungsstelle holen, mit deinen Eltern gemeinsam dorthin gehen oder die Eltern machen den ersten Schritt alleine. Du kannst ohne Antrag beim Jugendamt dir direkt Rat dort holen. Viele Schwierigkeiten und Probleme lassen sich viel leichter mit dem Rat oder einer Begleitung von Fachleuten bewältigen.

§

§ 28 KJHG
Erziehungsberatung

Erziehungsberatungsstellen und andere Beratungsdienste und Einrichtungen sollen Kinder, Jugendliche, Eltern und andere Erziehungsberechtigte bei der Klärung und Bewältigung individueller und familienbezogener Probleme und der zugrunde liegenden Faktoren, bei der Lösung von Erziehungsfragen sowie bei Trennung und Scheidung unterstützen.

In den Beratungsstellen arbeiten Psychologen, Pädagogen, Sozialarbeiterinnen und manchmal auch Ärztinnen. Nach einem ersten klärenden Gespräch wirst du gemeinsam mit deinen Eltern und der Mitarbeiterin oder dem Mitarbeiter der Beratungsstelle festlegen, welche Hilfe du dort erhalten kannst. Vielleicht reichen euch einige Beratungsgespräche. Es kann aber auch sein, dass eine Beratung für längere Zeit oder eine Therapie richtig für dich ist.

Die Mitarbeiter und Mitarbeiterinnen der Beratungsstelle können dir auch helfen, wenn sich zeigt, dass du nicht mehr in deiner Familie leben kannst oder leben willst. Sie können dann den Kontakt zu Sozialarbeiterinnen des Jugendamtes herstellen und dich darin unterstützen, einen neuen Lebensort für dich zu finden.

Die Adressen von Beratungsstellen kannst du im Jugendamt oder in deiner Schule erfahren. Oder du besucht zunächst einmal die Homepage der Bundeskonferenz für Erziehungsberatung unter www.bke.de.

4.2 Sozialpädagogische Familienhilfe

Nehmen wir an, in deiner Familie gibt es erheblichen Zoff. Es kann so sein, dass deine Mutter mit euch drei Kindern, die sie allein betreut, einfach nicht mehr fertig wird. Alles wächst ihr über den Kopf. In diesem Fall wäre es gut, wenn deine Mutter, vielleicht mit dir gemeinsam, zum Jugendamt geht und dort das Problem darstellt.

Wenn man die Notwendigkeit der Hilfe deutlich machen kann, habt ihr einen Rechtsanspruch auf eine Hilfe durch das Jugendamt, zum Beispiel in Form einer sozialpädagogischen Familienhilfe. Die Mitarbeiterin bzw. der Mitarbeiter des Jugendamtes kann hierfür nicht irgend jemanden, der gerade zur Verfügung steht, zu euch schicken. Vielmehr muss ein/e Familienhelfer/in gefunden werden, der/die von dir und deiner Familie auch akzeptiert wird.

Die Familienhelferinnen und Familienhelfer sind in aller Regel ausgebildete Fachkräfte. Die Familienhelferin ist unbedingt dein und deiner Familie Partner. Sie soll nicht Schiedsrichterin in einem Konflikt sein oder als Blitzableiter dienen oder den ganzen Ärger auf ihre Schultern nehmen. Vielmehr soll die Hilfe bewirken, dass die Familie selbst genügend Kräfte entwickelt, um ihre Konflikte zu meistern.

Dazu heißt es im Gesetz:

§

§ 31 Satz 1 KJHG
Sozialpädagogische Familienhilfe

Sozialpädagogische Familienhilfe soll durch intensive Betreuung und Begleitung Familien in ihren Erziehungsaufgaben, bei der Bewältigung von Alltagsproblemen, der Lösung von Konflikten und Krisen, im Kontakt mit Ämtern und Institutionen unterstützen und Hilfe zur Selbsthilfe geben.

Wenn jemand zu euch in die Familie kommt, wirst du dir sicher die Frage stellen, wie es dabei um eure Privatsphäre bestellt ist. Wie weit geht diese Betreuung eigentlich?

Es ist sinnvoll, diese Frage schon vorher zu klären, also bevor die Familienhelferin zu euch kommt. Denn es ist natürlich klar, dass nur dann Probleme geklärt werden können, wenn man sie ausspricht. Mitunter kommt es gerade dann zu sehr persönlichen und tiefgreifenden Gesprächen, wenn eine neutrale Person in die Familie kommt. Oft werden erst dann die wirklichen Sorgen offen ausgesprochen. Es ist aber auch möglich, dass sich deine Eltern oder du bedrängt fühlen. Darüber solltest du mit der Mitarbeiterin oder dem Mitarbeiter des Jugendamtes offen sprechen.

Auch deine Familienhelferin sollte wissen, was mit deinen Eltern besprochen werden kann oder welche Informationen an das Jugendamt weitergegeben werden dürfen.

Lies zum Datenschutz auch S. 141.

4.3 Erziehungsbeistand

Du kennst sicherlich das Gefühl, von deinen Eltern nicht verstanden zu werden. Wenn dies immer wieder vorkommt, wird die Spannung zwischen euch immer größer. Irgendwann könnt ihr dann nicht mehr miteinander reden und die alltäglichen Spannungen werden immer unerträglicher. Wenn dazu noch Probleme in der Schule oder in Nachbarschaft und im Freundeskreis kommen, brauchst du dringend einen Menschen, der dir beisteht.

Dafür gibt es in der Jugendhilfe den Erziehungsbeistand. Auch wenn es »der« Beistand heißt, können das selbstverständlich Männer oder Frauen sein. Diese Sozialarbeiterin oder dieser Sozialarbeiter sollen vor allem dir beistehen. Da du aber in deiner Familie lebst und mit Geschwistern und Eltern klarkommen musst, wird sich der Erziehungsbeistand gerade auch um deine Beziehungen zu Eltern und Geschwistern kümmern.

§

§ 30 KJHG
Erziehungsbeistand, Betreuungshelfer

Der Erziehungsbeistand und der Betreuungshelfer sollen das Kind oder den Jugendlichen bei der Bewältigung von Entwicklungsproblemen möglichst unter Einbeziehung des sozialen Umfeldes unterstützen und unter Erhaltung des Lebensbezugs zur Familie seine Verselbständigung fördern.

Ziel ist es dabei, dass du die Schwierigkeiten mit deinen Eltern oder deiner Umgebung erkennen lernst und ihr besser miteinander leben könnt. Ebenso wird dir dein Erziehungsbeistand bei Problemen in Schule und Ausbildung helfen.

Der Erziehungsbeistand wird sich regelmäßig mit dir treffen, wobei ihr den Treffpunkt gemeinsam ausmacht. Sicherlich werdet ihr euch auch in Abständen zu Gesprächen mit deinen Eltern zusammensetzen. Viele Erziehungsbeistände bieten auch Treffpunkte und Gruppen an oder unternehmen etwas mit dir.

Da vor allem ältere Kinder und Jugendliche einen Erziehungsbeistand bekommen, spielt die Frage der Selbständigkeit eine große Rolle. So wird dir ein Erziehungsbeistand auch helfen, wenn ihr gemeinsam erkennt, dass du zu Hause ausziehen willst oder musst.

4.4 Intensive sozialpädagogische Einzelbetreuung in der Familie

Du kannst persönlich in große Schwierigkeiten geraten sein. Alles geht schief und du bekommst nichts mehr auf die Reihe. Zuhause hältst du es schon länger kaum mehr aus, du treibst dich viel herum. Zum Schuleschwänzen kommt vielleicht Ärger mit der Polizei, weil du geklaut hast oder mit Haschisch erwischt worden bist. Dann ist es wichtig, dass du eine intensive Form von Hilfe bekommst, eine »Intensive sozialpädagogische Einzelbetreuung in der Familie«. Dabei geht es um eine Hilfe ganz speziell für dich, aber wohlgemerkt in deiner Familie. Das macht ein besonderes Problem aus; denn obwohl die Helferin oder der Helfer sich um dich kümmern soll, geht es gleichermaßen darum, dass deine Familie und du wieder gut zueinander kommen.

§ 35 KJHG
Intensive sozialpädagogische Einzelbetreuung

Intensive sozialpädagogische Einzelbetreuung soll Jugendlichen gewährt werden, die einer intensiven Unterstützung zur sozialen Integration und zu einer eigenverantwortlichen Lebensführung bedürfen. Die Hilfe ist in der Regel auf längere Zeit angelegt und soll den individuellen Bedürfnissen des Jugendlichen Rechnung tragen.

Eine Betreuerin oder ein Betreuer bei dieser Form der Hilfe wird dir meist nur dann gegeben, wenn du schon sehr tief im Schlamassel steckst. Entsprechend viel Zeit wird diese Person deshalb mit dir zusammen verbringen. Das können 10 bis 20 Stunden und manchmal auch mehr in der Woche sein.

Neben dieser Einzelbetreuung haben sich aber noch ganz andere Formen der Hilfen entwickelt, die unter diesem Paragraphen gesetzlich geregelt sind. Eine intensive Unterstützung zur sozialen Integration und zu einer eigenverantwortlichen Lebensführung kann z.B. bedeuten, dass

- du auf der Straße lebst und trotzdem eine Betreuerin oder ein Betreuer sich regelmäßig mit dir trifft und dich in praktischen Fragen unterstützt.
- du vielleicht in der Drogenszene warst und du da raus willst. Dann zum Beispiel über ein sogenanntes Reiseprojekt ein ganz radikaler Wechsel deines Lebensumfeldes und deiner Freunde versucht werden. Sinnvoll ist das nur, wenn es nach dem Reiseprojekt mit den gleichen Betreuern und Betreuerinnen einen Anschluss gibt.
- du bisher mit einer Gruppe Jugendlicher gelebt hast, die dich immer tiefer in den Schlamassel gezogen hat und du nun aber mehr zu dir selbst finden willst, aber auch den Anschluss an Schule und Ausbildung nicht länger verlieren willst. Dann können zum Beispiel erlebnispädagogische Projekt im Ausland eine Herausforderung und ein Anfang für dich sein, um dich mit dir selbst, einer fremden Kultur und deinen Schul- und Ausbildungsmöglichkeiten auseinanderzusetzen.

Solche Angebote sind dafür da, dass du wieder Vertrauen in deine Kräfte und andere Menschen bekommst.

Zum Hilfeplan lies ab S. 63.

Was aber ist, wenn diese Hilfe nicht funktioniert? In diesem Fall ist es sinnvoll, kritisch zu prüfen, was falsch läuft. Vielleicht brauchst du eine andere Betreuungsperson.

Manchmal lassen sich deine Konflikte, die du ja in deinem Verhalten nach außen trägst, einfach nicht lösen. Dann kann es sinnvoll sein, dass du deine Familie verlässt. Das muss nicht bedeuten, dass du deine Familie verlierst, sondern dass du deine Entwicklung außerhalb der Familie, beispielsweise in einer Jugendwohngemeinschaft oder in einem Heim, fortsetzt. Dazu solltest du in den weiteren Kapiteln nachlesen.

Zu Pflegefamilien lies ab S. 84 und zu Wohngruppen und Heimen ab S. 98.

4.5 Betreuung in der Tagesgruppe

Hast du nicht auch schon die Erfahrung gemacht, dass es schwer ist, gute Freundinnen und Freunde zu finden. Wenn dazu einiges zu Hause nicht stimmt, kannst du leicht in Schwierigkeiten geraten. Manche Mädchen und Jungen verhalten sich dann in Schule oder Clique aggressiv oder setzen sich ganz ab. Die Eltern sind ratlos und verzweifelt. Sie haben das Gefühl, »nicht mehr fertig zu werden mit dem Jungen«. Gleichzeitig lieben sie dich aber immer noch und möchten ihre Familie zusammenhalten.

Bei diesen Schwierigkeiten kann die Tagesgruppe die richtige Hilfe sein. Tagesgruppe soll das soziale Lernen fördern und dich in deiner schulischen und familiären Entwicklung unterstützen sowie helfen, sich mit Gleichaltrigen auseinanderzusetzen.

§

§ 32 Satz 1 KJHG
Erziehung in einer Tagesgruppe

Hilfe zur Erziehung in einer Tagesgruppe soll die Entwicklung des Kindes oder des Jugendlichen durch soziales Lernen in der Gruppe, Begleitung der schulischen Förderung und Elternarbeit unterstützen und dadurch den Verbleib des Kindes oder des Jugendlichen in seiner Familie sichern.

Die Tagesgruppe ist eine kleine überschaubare Gruppe von 6 bis 10 Kindern bzw. Jugendlichen. Meist gehst du in der Woche nach der Schule in die Gruppe, aber auch wenn die Schule ausfällt oder manchmal auch morgens vor der Schule.

An den Nachmittagen und in den Ferien wird es gemeinsame Unternehmungen geben. In der Tagesgruppe kannst du lernen, wie du dich mit gleichaltrigen Mädchen und Jungen besser verstehen und verständigen kannst. Durch gemeinsame Aktionen, durch Gespräche und Zusammenarbeit kannst du deine Außenseiterrolle ablegen. Es wird dir Spaß machen, neue Freundinnen und Freunde zu gewinnen. Dabei helfen dir Pädagoginnen und Pädagogen.

Die Tagesgruppe soll dich auch in deinen schulischen Leistungen fördern. Tagesgruppenbetreuung bedeutet immer auch, dass man dir Hilfe beim Lernen gibt. Nur keine Sorge, es geht nicht um mehr Hausaufgaben. Es geht darum, wie du entstandene Leistungslücken wieder aufholst, wie du in sinnvoller Form »zu lernen lernst«. Du sollst in der Schule wieder auf eigenen Beinen stehen können und Erfolge haben. Schließlich hat die Tagesgruppe die dritte Aufgabe, Konflikte und Probleme in deiner Familie gemeinsam mit den Sozialarbeiterinnen zu besprechen und Lösungen herbeizuführen. Du kannst also eine ganze Reihe von Hilfen in der Tagesgruppe erwarten und diese für dich auch einfordern.

Vielfach haben Probleme etwas mit der Konfliktsituation in deiner Familie selbst zu tun. So gesehen leistet die Tagesgruppe also zweierlei. Zum einen wirst du ganz direkt betreut, zum anderen erhält auch deine Familie eine Betreuung.Wenn dich die Betreuung in einer Tagesgruppe interessiert, kannst du dich beim Jugendamt weiter informieren.

4.6 Soziale Gruppenarbeit

Das Gesetz versteht unter dem Begriff der sozialen Gruppenarbeit folgendes:

§

§ 29 KJHG
Soziale Gruppenarbeit

Die Teilnahme an sozialer Gruppenarbeit soll älteren Kindern und Jugendlichen bei der Überwindung von Entwicklungsschwierigkeiten und Verhaltensproblemen helfen. Soziale Gruppenarbeit soll auf der Grundlage eines gruppenpädagogischen Konzepts die Entwicklung älterer Kinder und Jugendlicher durch soziales Lernen in der Gruppe fördern.

Oft werden bestimmte Verhaltensweisen von vielen anderen abgelehnt. Beispielsweise wenn du schlecht über Mitschüler redest oder dich ständig prügelst. Manchmal allerdings hängt dein Verhalten auch mit den realen Umständen in deiner Familie zusammen, zum Beispiel, wenn das Schlagen zur normalen Erziehungsform deiner Eltern gehört.

Das Geheimnis besteht darin, dass man das, was man bislang als soziales Verhalten erlernt hat, auch wieder verändern kann. Dazu braucht man ein neues »soziales Feld«, eine neue Gemeinschaft. In dieser neuen Gemeinschaft bekommt man eine neue Chance und lernt noch einmal, wie man sozial miteinander umgeht. Hierfür ist die Gruppe auch von Gleichaltrigen oder nahezu Gleichaltrigen eine gute Möglichkeit. Das Ziel der Gruppenarbeit ist aber vor allen Dingen, diese sozialen Probleme zu bearbeiten und zu verändern. Gemeinsame Ziele und gemeinsame Aufgaben sollen die Gruppe stärken und die Einzelnen aneinander orientieren. Sport und Abenteuer gehören dazu. Gemeinsame Unternehmungen, echte Aktionen sind Voraussetzung, dass solche Gruppen erfolgreich zusammenarbeiten.

Am Ende sollst du vor allem erreicht haben, dass du mehr Selbstvertrauen hast und mit Problemen besser umgehen kannst, z. B. Konflikte nicht mit Gewalt zu lösen versuchst, sondern mit Reden. Mehr Selbstvertrauen wird dich dazu bringen, dass du dich in den Bereichen mehr anstrengen wirst, die für dich wichtig sind. Und dazu gehören natürlich auch Schule und Ausbildung.

Die Erfahrung zeigt, dass junge Menschen mit einem gut ausgeprägten Selbstwertgefühl neue Beziehungen entwickeln können. Mit anderen Worten: Wenn man zu sich selbst eine gute Beziehung hat, hat man sie auch zu anderen. Wenn man zu anderen eine gute Beziehung hat, steigt die soziale Anerkennung und die Lust, Leistungen zu bringen.

5. Leben am anderen Ort

Manchmal geht zuhause gar nichts mehr. Wenn Mädchen und Jungen bei ihren Eltern gar nicht mehr bekommen, was sie für ihre Entwicklung brauchen und das Zusammenleben für alle Beteiligten ein einziger Stress ist, dann wird das Jugendamt die Unterbringung in einer Pflegefamilie oder einem Heim vorschlagen.

Ein neuer Lebensort bedeutet für dich viel mehr als den Umzug von einer Wohnung in eine andere. Die Beziehung zu deinen Eltern wird sich verändern. Geschwister sind gar keine lästigen Nervensägen mehr, wenn du sie nicht mehr täglich um dich hast. Du wirst sie vermutlich vermissen.

Ein neuer Lebensort bietet eine Menge neuer Chancen. Du kannst dich von dem Beziehungsstress mit deinen Eltern erholen. Das hilft, Gedanken und Gefühle neu zu sortieren. Du kannst neue Freunde und Freundinnen gewinnen, du hast – egal ob im Heim, einer Wohngemeinschaft oder einer Pflegefamilie – Erwachsene, die dir bei deinen Schwierigkeiten helfen. Der Auszug bei deinen Eltern heißt auch nicht unbedingt, dass du in eine andere Stadt ziehen musst oder deine alten Freunde und Freundinnen nicht mehr sehen kannst. Je nachdem welche Probleme du hast, wird das Jugendamt versuchen, einen passenden Lebensort in der Nähe deines Elternhauses zu finden. Manchmal kann es aber auch hilfreich sein, etwas weiter weg zu ziehen und z.B. an einer anderen Schule einen neuen Anfang zu machen. Dass deine Eltern außer vielen Macken auch liebenswerte Seiten haben, kannst du vielleicht tatsächlich erst wieder entdecken, wenn sie dich nicht mehr im täglichen Kleinkrieg verletzen und kränken können.

Die Trennung von den Eltern ist aber ein so riesiger Einschnitt in dein alltägliches Leben, dass es wirklich richtig wichtige Gründe für dich und deine Eltern für eine Trennung geben muss. Die Leute vom Jugendamt werden eine solche Lösung deshalb wirklich nur dann vorschlagen, wenn sie gar keinen anderen Weg mehr wissen, wie sie euch sonst helfen könnten.

5.1 Leben in Pflegefamilien

§

§ 33 KJHG
Vollzeitpflege

Hilfe zur Erziehung in Vollzeitpflege soll entsprechend dem Alter und Entwicklungsstand des Kindes oder des Jugendlichen und seinen persönlichen Bindungen sowie den Möglichkeiten der Verbesserung der Erziehungsbedingungen in der Herkunftsfamilie Kindern und Jugendlichen in einer anderen Familie eine zeitlich befristete Erziehungshilfe oder eine auf Dauer angelegte Lebensform bieten. Für besonders entwicklungsbeeinträchtigte Kinder und Jugendliche sind geeignete Formen der Familienpflege zu schaffen und auszubauen.

Das wichtigste Merkmal einer Pflegefamilie ist, dass sie Kinder und Jugendliche in ihre eigene private Wohnung aufnimmt. Das Zusammenleben mit immer denselben Erwachsenen und deren eigenen Kindern kann dir dabei helfen, Vertrauen zu anderen Menschen zu bekommen. Du kannst innerlich spüren, dass du ganz persönlich wichtig bist und die Leute in deiner Pflegefamilie dich gern haben. Sie stehen Stress und Schwierigkeiten mit dir gemeinsam durch.

Deine Pflegeeltern übernehmen sozusagen die Aufgaben deiner Eltern. Sie sollen dir dabei helfen, deine persönlichen und familiären Probleme besser zu verstehen und damit klarzukommen.

Der Lebensalltag von Mädchen und Jungen in Pflegefamilien unterscheidet sich nicht besonders von dem ganz normalen Leben von Kindern und Jugendlichen, die bei ihren eigenen Eltern aufwachsen. Nur darin, dass deine Pflegeeltern durch eine Sozialarbeiterin unterstützt werden, die sich mit Pflegefamilien besonders gut auskennt.

Jede Pflegefamilie ist anders

Pflegeeltern sind ganz normale Leute mit normalen Berufen. Sie sind Busfahrer, Computerfachleute, haben einen Blumenladen oder arbeiten in einem Büro.

Pflegefamilien sind keine Vorzeige-Bilderbuchfamilien. Es sind ganz normale Familien, viele von ihnen haben eigene Kinder. Pflegefamilien werden vom Jugendamt ausgesucht. Das Jugendamt wird versuchen, die passende Pflegestelle für dich zu finden. Pflegeeltern nehmen ein Kind oder einen Jugendlichen freiwillig auf.

Wenn du zu deinen eigenen Verwandten, z.B. den Großeltern oder einem Onkel bzw. einer Tante gehen kannst, kann das auch eine Hilfe zur Erziehung in einer Pflegefamilie sein. Das ist immer dann der Fall, wenn diese Unterbringung in Zusammenarbeit mit dem Jugendamt zustande kommt.

Die Unterbringung in Pflegefamilien ist für alle Kinder und Jugendliche möglich, die entweder für einen kurzen Zeitraum oder auch für längere Dauer nicht in ihrer eigenen Familie leben können.

Pflegefamilien, die Kinder oder Jugendliche vorübergehend aufnehmen, können unterschiedliche Namen haben: Kurzzeitpflegestellen, Notaufnahmefamilien, Bereitschaftspflegefamilien, Familiäre Bereitschaftsbetreuung oder noch andere Namen. In diesen Pflegefamilien werden Kinder und Jugendliche für einige Wochen oder Monate versorgt und intensiv betreut, wenn es um die Überbrückung einer Notlage oder einer familiären Krise geht. Die meisten Pflegefamilien betreuen aber Mädchen und Jungen für längere Zeit, d.h. über mehrere Monate oder viele Jahre, oft auch bis zur Volljährigkeit oder länger. Auch diese Pflegefamilien können unterschiedliche Namen haben: z.B. Dauerpflegefamilie, Sonderpädagogische Pflegefamilie, Heilpädagogische Pflegefamilie oder Erziehungsstelle oder noch wieder anders. Es sind aber immer Pflegefamilien, die für diese Aufgabe besonders ausgesucht wurden.

Erziehungsstellen gehören mitunter aber auch zu einem Heim. Dann leben Jungen und Mädchen tagtäglich mit Erzieherinnen oder Erziehern zusammen, die bei Bedarf Unterstützung aus dem Heim bekommen.

Eine Pflegefamilie finden

Wenn du und deine Eltern euch sicher seid, dass du lieber in einer Pflegefamilie leben solltest statt in einem Heim, dann überlegt auf alle Fälle, ob es in eurem Bekannten- oder Verwandtenkreis jemanden gibt, den du gerne hast und der dich aufnehmen würde. Das ist für dich bestimmt einfacher, als zu völlig fremden Menschen zu ziehen.

Das Jugendamt wird auf alle Fälle prüfen, ob die von euch vorgeschlagenen Menschen dir auch bestimmt die Hilfe und Unterstützung geben können, die du im Moment brauchst. Wenn alles O.K. ist, wird das Jugendamt deine Verwandten oder Bekannten als Pflegefamilie für dich akzeptieren.

Gibt es in eurem Verwandten- oder Bekanntenkreis niemanden, bei dem du mit Zustimmung des Jugendamtes wohnen könntest, versucht das Jugendamt eine andere Pflegefamilie für dich zu finden. Vorher wird es aber mit dir und deinen Eltern darüber sprechen, wie eure Vorstellungen und Ideen zu einer Pflegefamilie aussehen. Schließlich sollst du dich da, wo du hinkommst, auch wohl fühlen. Du musst dir vor allen Dingen selber einige Gedanken machen: Was ist dir denn wirklich wichtig? Auf was möchtest du auf gar keinen Fall verzichten? Und was sind die Sachen, die dich von vorneherein so stören würden, dass der Stress zwischen dir und deinen Pflegeeltern schon vorprogrammiert ist.

Problematisch ist es, wenn das Jugendamt keine Pflegefamilie für dich findet, die auch nur ansatzweise deinen Vorstellungen entspricht. Deine Eltern haben einen gesetzlichen Anspruch auf die für dich individuell geeignete und notwendige Hilfe. Das Jugendamt ist verpflichtet, nach einer Pflegefamilie für dich zu suchen. Aber nicht mal der beste Sozialarbeiter des Jahrhunderts kann die Hundert Prozent passenden Leute für dich herbeizaubern.

Welche Pflegefamilie passt zu Dir?

Bei der Vermittlung in eine Pflegefamilie ist ganz viel zu berücksichtigen. Damit du dich in deiner Pflegefamilie gut aufgehoben fühlen kannst, musst du die Pflegefamilie gut kennen lernen und die Pflegefamilie dich und deine Eltern. Dabei musst du besonders gut auf deine eigenen Gefühle achten, wenn du die Pflegefamilie kennen lernst. Du solltest dich nicht innerlich unwohl fühlen bei der Vorstellung, bei dieser Familie zu leben. Das kann nämlich bedeuten: Stopp! Hier stimmt was nicht! Trau dich unbedingt, mit dem Jugendamt oder deinen Eltern darüber zu reden, auch wenn du eigentlich selber nicht so richtig weißt, was dich an dieser Familie stört.

Aber auch deine Eltern und die Pflegeeltern müssen miteinander klarkommen. Mit der Unterbringung in einer Pflegefamilie kannst und sollst du ja nicht dein bisheriges Leben vergessen. Im Gegenteil: Deine Familie und die Pflegefamilie müssen eng zusammenarbeiten, damit du nicht unversehens zwischen zwei Stühlen sitzt und jeder in eine andere Richtung an dir zerrt. Das heißt: Deine Eltern und deine Pflegeeltern müssen halbwegs gut miteinander reden können, um sich über die wichtigen Sachen in deinem Leben einigen zu können, ohne dass jedes Mal Kampf angesagt ist. Das würde für dich nur Dauerstress bedeuten.

❦ Kennen lernen und Probewohnen

Je länger du vermutlich in der Pflegefamilie leben wirst, umso wichtiger ist es, dass du Deine Pflegefamilie vorher gut kennen lernen kannst und sie dich. Besuche und gemeinsame Aktivitäten mit deiner Pflegefamilie sind nützlich. So könnt ihr feststellen, ob ihr auch gut miteinander könnt.

Und vor allen Dingen: Wenn du schon eine Menge unerfreulicher Familienerfahrungen mit deiner eigenen Familie hinter dir hast, solltest du mit deinen Pflegeeltern einen bestimmten Zeitraum zum »Probewohnen« vereinbaren.

Wichtig für den Hilfeplan

Im Hilfeplan, den das Jugendamt zusammen mit dir und deinen Eltern entwickelt, soll alles berücksichtigt werden, was vor und während deiner Unterbringung für dich wichtig ist. Das Jugendamt wird deshalb mit dir, deinen Eltern und Pflegeeltern viel regeln müssen.

Über die wichtigsten Punkte muss zwischen dir, deinen Eltern und Pflegeeltern unbedingt Klarheit herrschen, z.B. wann, wie lange und wie oft du deine Eltern treffen wirst oder welche Schule du zukünftig besuchst.

Oft ist es unangenehm und ziemlich schwierig für Kinder und Jugendliche, vor ihren Eltern und Pflegeeltern über all das offen zu reden, was ihnen wirklich unter den Nägeln brennt. Du kannst allein mit deinem Sozialarbeiter oder deiner Sozialarbeiterin sprechen, wenn dir das hilft. Dieser Mensch muss möglichst viel über deine Gedanken und Gefühle erfahren, damit du auch die Hilfe erhältst, die du brauchst.

Darüber wird das Jugendamt mit dir, deinen Eltern und Pflegeeltern sprechen:

Wozu brauchst du die Pflegeeltern besonders?

Die Zeit in der Pflegefamilie soll dir helfen, mit Schwierigkeiten und Problemen fertig zu werden. Deshalb müssen deine Pflegeeltern erfahren, wo du besondere Aufmerksamkeit, Unterstützung und konkrete Hilfe brauchst.

Was müsste sich ändern, damit du vielleicht irgendwann nach Hause zurück kannst?

Die Probleme, die dazu geführt haben, dass du nicht mehr bei deiner Familie leben kannst, müssten im Wesentlichen behoben sein.

Viele Eltern und Mädchen und Jungen aus Pflegefamilien und Heimen schaffen es mit Unterstützung durch das Jugendamt, dass sie wieder zusammenleben können.

Ob das bei dir und deinen Eltern auch so sein wird, kann natürlich niemand voraussagen. Andererseits kann von dir niemand verlangen, dass du innerlich auf gepackten Koffern sitzen bleibst. Dauernde Ungewissheit, wo man sich zuhause fühlen kann, hält kein Mensch lange aus. Du hast einen Anspruch darauf, zu wissen, wie es mit dir und deinen Eltern weitergehen soll.

Im Hilfeplan muss deshalb festgehalten werden, wie lange du voraussichtlich in der Pflegefamilie leben sollst. Außerdem muss festgelegt werden, welche Hilfen deine Eltern und du in dieser Zeit erhalten, damit ihr herausfinden könnt, ob du wieder nach Hause zurückkehren kannst.

Deine Eltern und Freundschaften

Bei den Hilfeplangesprächen wird vereinbart, wann, wie oft und wie lange du die Gelegenheit hast, deine Eltern, Geschwister oder andere Familienangehörigen zu sehen. Für die Ausgestaltung der Besuchskontakte gibt es viele Möglichkeiten: Deine Familie kann dich in der Pflegestelle besuchen, du kannst nach Hause fahren, du kannst deine Ferien mit deinen Eltern verbringen, deinen Geburtstag mit ihnen feiern ...

Lies hierzu auch Kap. 8 ab S. 161.

Die Wünsche und Vorstellungen von dir und deinen Eltern müssen sich aber mit dem Familienalltag der Pflegefamilie vereinbaren lassen. Ihr müsst also darüber sprechen und euch darauf einigen, was geht und was nicht.

Wenn es weitere Personen gibt, die für dich wichtig sind – Freunde und Freundinnen, Heimerzieher, Lehrerinnen –, sollten sie auch bei der Hilfeplanung berücksichtigt werden. Alle Menschen, die du gern hast und nicht vermissen möchtest, sollten mit dir in Beziehung bleiben können.

Überprüfung des Hilfeplanes

Wahrscheinlich gelingt es nicht, auf Anhieb alles perfekt zu regeln. Der Hilfeplan muss deshalb regelmäßig überprüft und – wenn nötig – geändert werden. Das Jugendamt wird euch helfen, Meinungsverschiedenheiten zu klären und neue Regelungen, die hoffentlich besser klappen, zu finden.

Gemeinsame Verantwortung von Eltern und Pflegeeltern

Deine Eltern und Pflegeeltern müssen sich in vielen Angelegenheiten gut miteinander abstimmen. Schließlich ist in deinem Leben eine Menge zu regeln – viel mehr als nur die Kontakte zu deiner eigenen Familie.

Deine Pflegefamilie macht ja deine eigenen Eltern nicht überflüssig. Sie behalten eine wichtige Rolle in deinem Leben.

Solange du in einer Pflegefamilie lebst, sind deine Pflegeeltern so eine Art zusätzliche Eltern für dich, die all das für dich und mit dir tun sollen, was in einem normalen Familienalltag zwischen Eltern und Kindern üblich ist.

Auch wenn du in einer Pflegefamilie lebst, bleiben deine Eltern für dich und dein Wohlergehen mit verantwortlich. Die Pflegeeltern sind sozusagen »Stellvertreter« deiner eigenen Eltern und übernehmen durch den Pflegevertrag, den sie bei deiner Aufnahme mit dem Jugendamt abschließen, einen Teil der Aufgaben deiner Eltern.

Die Aufgabenverteilung zwischen Eltern und Pflegeeltern

Wenn für dich kein Vormund eingesetzt ist, bleiben deinen Eltern die wichtigen Grundentscheidungen in deinem Leben vorbehalten. Das ist auch dann so, wenn du schon für lange Zeit in einer Pflegefamilie lebst. Zu den Dingen, die Pflegeeltern nicht entscheiden dürfen, gehören z. B. deine Schul- und Berufsausbildung, deine Religionszugehörigkeit, gegen welche Krankheiten du geimpft werden sollst und die Zustimmung zu Operationen. Nur wenn lebenswichtige Entscheidungen schnell notwendig sind, dürfen Pflegeeltern sofort selbst entscheiden und handeln. Bei einem Blinddarmdurchbruch musst du natürlich sofort in ein Krankenhaus gebracht und operiert werden. Deine Pflegeeltern haben dann die Pflicht, deine Eltern und das Jugendamt so schnell wie möglich zu informieren. Dazu sind sie auch bei allen anderen wichtigen Ereignissen verpflichtet.

Pflegeeltern haben das Recht und die Pflicht, gemeinsam mit dir den Alltagskram auszuhandeln und können in dem Bereich auch ohne Rücksprache mit deinen Eltern Entscheidungen treffen. Wofür du dein selbst gespartes Geld ausgibst, ob du Mitglied in einem Fußballclub wirst oder lieber Klavier spielen lernst und wie deine Schulprobleme am besten anzugehen sind: das sind die Dinge, für die du und deine Pflegeeltern zuständig sind.

Wenn du einen Vormund hast, dann tritt er in die Rolle deiner Eltern ein und trifft alle für dich wichtigen Entscheidungen. Dann müssen die Pflegeeltern ihn informieren und bei wichtigen Angelegenheiten seine Entscheidung einholen.

Regeln für das Zusammenleben

Die Schwierigkeiten, die du zuhause hattest, waren manchmal riesengroß. Vielleicht hast du Gewalt oder sexuelle Übergriffe erlebt. Deine Angst, dass dir das in deiner Pflegefamilie wieder passieren könnte, ist ganz normal. Schreib zusammen mit dem Jugendamt und deinen Pflegeeltern ganz genau auf, was du brauchst, damit du dich sicher fühlen kannst.

Jede Familie ist anders, hat andere Gewohnheiten und Regeln. Es ist nicht so, dass du dich ohne weiteres allen Gewohnheiten der Pflegefamilie anpassen musst. Deine Bedürfnisse zählen genauso wie die aller anderen Familienangehörigen. Aber natürlich musst du auch mit überlegen, wie das Zusammenleben in der Familie so klappen kann, dass sich niemand ungerecht behandelt fühlt. Wichtig ist in einer Familie, ob die Erwachsenen und Kinder und Jugendlichen sich gut verstehen und sich gegenseitig achten und helfen.

Deine Aufgaben und Rechte innerhalb der Pflegefamilie sollten sich an deinem Alter und deinen Fähigkeiten orientieren, wie das bei eigenen Kindern auch der Fall ist. Wenn außer dir in der Familie noch andere

Kinder oder Jugendliche leben, müsst ihr auch gleich behandelt werden. Du hast Anspruch auf ein altersgemäßes Taschengeld. Darüber, wie viel Taschengeld in deinem Fall »altersgemäß« ist, musst du wie alle Kinder in Familien mit deinen Pflegeeltern verhandeln.

Datenschutz in Pflegefamilien

Pflegeeltern dürfen nicht unbedacht und ohne wichtigen Grund mit Dritten über deine Eltern, eure häuslichen Probleme und deine Vorgeschichte reden. Sie haben die Datenschutzrechte von dir und deinen Eltern zu beachten.

Manchmal brauchen aber bestimmte Personen (z. B. Lehrer oder Ärzte) konkrete Informationen über deine Situation, um dir verständnisvoller und wirksamer helfen zu können. Pflegeeltern müssen mit deiner Lebensgeschichte besonders behutsam und vorsichtig umgehen. Sie müssen mit dir absprechen, an wen sie welche Informationen über dich weitergeben, und dir auch sagen, warum sie das für vernünftig und richtig halten.

Wenn ihr euch in diesem Bereich nicht einig seid, dann solltet ihr euch auf jeden Fall vom Jugendamt helfen lassen. Sonst fühlst du dich vielleicht verraten und kannst deinen Pflegeeltern nicht mehr richtig vertrauen.

Die Beratung der Pflegefamilie

Das Jugendamt berät und unterstützt deine Pflegeeltern so, dass das Miteinander von dir, deinen Eltern und deinen Pflegeeltern gut klappt. Es klärt Meinungsverschiedenheiten zwischen deinen Eltern und Pflegeeltern, hilft Konflikte und Stress in deiner Pflegefamilie zu bewältigen und wird deine Pflegeeltern dabei beraten, wie sie dich am besten unterstützen können.

Deine Pflegefamilie hat aus gutem Grund einen gesetzlichen Anspruch auf regelmäßige Beratung. Einen pädagogisch erfahrenen Menschen braucht ihr unbedingt, weil ihr euch schließlich in einer ganz besonderen Situation zurecht finden müsst.

Damit es gar nicht erst zu ernsthaftem Krach zwischen dir und deiner Pflegefamilie oder deinen Pflegeeltern und Eltern kommen kann, bleibt das Jugendamt immer in Verbindung mit dir und deiner Pflegefamilie. Dein Sozialarbeiter oder deine Sozialarbeiterin wird dich in der Pflegefamilie besuchen und mit dir und deinen Pflegeeltern sprechen. Gespräche mit dir allein sind dabei wichtig. Schließlich muss das Jugendamt wissen, ob du dich wirklich wohl fühlst oder ob es Probleme in der Pflegefamilie gibt, die du nicht ohne Hilfe lösen kannst.

Probleme mit der Beratung

Wenn deine Pflegefamilie weit weg von deinem früheren Zuhause in einer anderen Stadt wohnt, ist es manchmal schwierig, von Anfang an für eine gute Beratung durch das Jugendamt zu sorgen.

Dann müssen nämlich zwei Jugendämter gut zusammenarbeiten: das Jugendamt an deinem früheren Wohnort, das für dich und deine Eltern zuständig ist, und das Jugendamt am Wohnort der Pflegefamilie. Manchmal klappt das nicht so besonders gut.

Damit du an deinem neuen Lebensort nicht mehr oder weniger in der Luft hängst, musst du unbedingt wissen, an wen du dich dort bei Problemen wenden kannst.

Du solltest dich vor Deinem Umzug gemeinsam mit deinen Eltern vergewissern und darauf bestehen, dass das ganz klar geregelt ist.

Schwierige Elternkontakte

Manchmal klappt das mit dem gegenseitigen Besuchen zwischen dir und deinen Eltern nicht so richtig gut. Das passiert oft, wenn du schon lange Zeit in einer Pflegefamilie lebst und dir deine eigenen Eltern ein bisschen fremd geworden sind. Du hast ein Recht darauf, dass dir die Beziehung zu deinen Eltern und Geschwistern erhalten bleibt. Sie sind wichtig in deinem Leben und gehören zu dir. Sie sollten nicht so ganz aus deinem Leben verschwinden. Das ist auch dann so, wenn du schon als kleines Kind in die Pflegefamilie gekommen bist und dort wahrscheinlich deine ganze Kindheit und Jugend verbringen wirst.

Wenn dich mit deinen Eltern nur schlimme Erfahrungen und nicht auch schöne Erinnerungen verbinden, willst du vielleicht von dir aus gar nicht besucht werden. Neben deinem Recht auf Umgang mit deinen Eltern steht die Pflicht und das Recht deiner Eltern, den Kontakt zu dir nicht abbrechen zu lassen. Dieses Recht deiner Eltern darf nicht ohne wichtigen Grund eingeschränkt werden. Wenn die Beziehung zu deinen Eltern aber so stark gestört ist, dass du ihnen nicht ohne Angst oder Wut im Bauch begegnen kannst, muss euch das Jugendamt helfen, eine Lösung zu finden, mit der jeder von euch leben kann

Deine Pflegeeltern müssen darauf achten, dass die Vereinbarungen mit deinen Eltern eingehalten werden, damit deine Beziehungen zu ihnen erhalten bleiben. Mehr können sie aber nicht tun.

Bei allem, was du an den Kontakten zu deinen Eltern als falsch, als zu viel oder als zu wenig empfindest, kann dir nur das Jugendamt helfen. Es muss versuchen, deine Eltern wieder zu motivieren, den Kontakt mir dir aufzunehmen oder ihnen erklären, warum Besuche für dich in einer bestimmten Situation eher belastend als hilfreich sind.

Eine Einschränkung oder Aussetzung der Besuchskontakte kann gegen den Willen deiner Eltern auch das Jugendamt nicht durchsetzen. Es braucht dazu eine Entscheidung des Familiengerichtes.

Wenn das Zusammenleben nicht mehr klappt

Manchmal gelingt es Pflegeeltern und Pflegekindern nicht, eine gute und verlässliche Beziehung zueinander aufzubauen. Oder ihr kommt, wie das ja auch in anderen Familien der Fall sein kann, an einen Punkt, wo ihr nicht mehr miteinander reden könnt. Ihr solltet auf jeden Fall das Jugendamt einschalten. Du selbst oder deine Pflegeeltern können das tun. Euer Jugendamt wird euch helfen, einen Ausweg aus eurer Beziehungskrise zu finden. Dazu müssen sich natürlich alle Seiten auch ehrlich um eine Verständigung bemühen.

Manchmal klappt das nicht mehr und die Trennung voneinander steht an.

Du willst nicht länger bleiben

Wenn du die Pflegefamilie verlassen willst, weil du dich dort nicht wohl fühlst oder nicht die Hilfe bekommst, die du eigentlich brauchst, kann die Hilfe nur mit Zustimmung deiner Eltern oder deines Vormundes/ Pflegers beendet werden. Das Jugendamt darf dich deshalb nur dann sofort woanders unterbringen, wenn eiliges Handeln nötig ist. Informiere möglichst frühzeitig das Jugendamt, wenn du merkst, dass in einer Pflegefamilie allerhand schief läuft. Es ist besser, wenn ein erneuter Wechsel deines Lebensfeldes gut vorbereitet wird.

Deine Eltern bzw. dein Vormund müssen natürlich in die Lösung dieses Problems einbezogen werden.

Deine Pflegeeltern machen schlapp

Alle Familien verändern sich im Laufe der Jahre; natürlich auch Pflegefamilien.

Manchmal gibt es auch in Pflegefamilien Krisen, weil sich die Pflegeeltern scheiden lassen oder jemand schlimm krank wird.

Wenn die Pflegeeltern dich nicht mehr bei sich behalten können oder wollen, ist das eine schwierige und sehr traurige Situation für dich. Aber du brauchst keine Angst davor zu haben, plötzlich auf der Straße zu landen.

Das Jugendamt ist dann verpflichtet, gemeinsam mit dir und deinen Eltern und deinem Vormund nach einer Lösung für dich zu suchen. Je eher es über die schwierige Situation in der Pflegefamilie Bescheid weiß, desto besser.

Welchen Kontakt du mit deiner Pflegefamilie auch nach der Trennung noch haben möchtest, hängt vor allen Dingen davon ab, wie verletzt und traurig du bist.

Deine Pflegeeltern beachten deine Rechte nicht

Auch wenn Pflegeeltern vom Jugendamt sorgfältig ausgesucht wurden, kann es in Einzelfällen vorkommen, dass sie deine Rechte massiv verletzen.

Sollte dies in deiner Pflegefamilie der Fall sein, solltest du unbedingt so schnell wie möglich mit deinem zuständigen Sozialarbeiter oder Sozialarbeiterin im Jugendamt oder beim Pflegekinderdienst sprechen, damit dir geholfen werden kann. Dies können und dürfen deine Pflegeeltern dir nicht verbieten.

Zurück zu deinen Eltern

Wenn sich die Situation deiner Familie so weit verbessert hat, dass ihr wieder ohne größere Probleme zusammenleben könnt, steht deiner Rückkehr nach Hause nichts mehr im Wege. Ganz so wie früher wird es aber nicht sein. Deine Eltern haben eine Weile ohne dich gelebt. Du hast in der Zwischenzeit das Familienleben deiner Pflegefamilie kennen gelernt. Ihr müsst euch wieder aneinander gewöhnen.

Es kann sein, dass du inzwischen eine so enge Beziehung zu deinen Pflegeeltern oder einem ihrer Kinder aufgebaut hast, dass du nicht ganz auf sie verzichten möchtest. Das Jugendamt muss vor deiner Rückkehr mit deinen Eltern und Pflegeeltern Vereinbarungen darüber treffen, wie dein Kontakt zu der Pflegefamilie gestaltet werden kann.

Wieder zurück – oder doch nicht?

Zu Meinungsverschiedenheiten über eine Rückkehr kommt es häufig dann, wenn ein Mädchen oder Junge über sehr lange Zeit in der Pflegefamilie gelebt hat und die Pflegefamilie sein eigentliches Zuhause geworden ist. Vielleicht willst du selber lieber bleiben, wo du bist. Oder deine Pflegeeltern oder das Jugendamt sind der Meinung, dass eine Rückkehr für deine weitere Entwicklung nicht gut ist.

Wenn du keinen Vormund oder Pfleger hast, können deine Eltern rechtlich jederzeit verlangen, dass du zu ihnen zurückkehrst. Dazu sollte sich allerdings ihre Lebenssituation und eure Beziehung zueinander tatsächlich so verbessert haben, dass sie für dich auch gut sorgen können. Außerdem muss überlegt werden, ob du nicht inzwischen in die Pflegefamilie und dein dortiges Umfeld so fest eingebunden bist, dass dir ein Wechsel des Lebensortes kaum noch zuzumuten ist.

Bei der Beendigung des Pflegeverhältnisses gilt dasselbe wie für den Beginn: Du bist an den Überlegungen, Planungen und Entscheidungen zu beteiligen.

Streit vor Gericht

Es kann wichtige Gründe dafür geben, warum du noch nicht oder nicht mehr nach Hause zurückkehren solltest, die deine Eltern nicht akzeptieren wollen. Dann kann das Jugendamt das Familiengericht einschalten, das in diesem Konflikt eine Entscheidung treffen muss. Wenn du bereits einen großen Teil deines Lebens in der Pflegefamilie verbracht hast, haben auch deine Pflegeeltern das Recht, sich an das Familiengericht zu wenden.

Wenn das Jugendamt oder deine Pflegeeltern eine Entscheidung des Familiengerichtes beantragen, muss der zuständige Richter oder die Richterin auch deine Meinung kennen lernen. Schließlich geht es um dich. Du hast deshalb einen gesetzlichen Anspruch, dass du einen Verfahrenspfleger an die Seite gestellt bekommst.

Häufig lässt sich das Gericht zusätzlich durch psychologische Fachleute bei seiner Entscheidungsfindung unterstützen. Gegen die Entscheidung des Familiengerichtes, das es ja nicht allen Beteiligten Recht machen kann, können die Eltern, die Pflegeeltern und das Jugendamt sich noch einmal mit einer Beschwerde wehren.

Ein Jugendlicher über 14 Jahre kann das auch selbst tun. Das ist nur unter bestimmten Bedingungen sinnvoll und du brauchst dafür sachkundige Hilfe.

Lies hierzu auch Kap. 9 ab S. 170.

Dein Weg in die Selbstständigkeit

Viele Pflegekinder leben solange in der Pflegefamilie, bis sie ein eigenständiges Leben ohne Hilfe ihrer Eltern und Pflegeeltern führen können. Wann es soweit ist und welcher Weg für dich der richtige ist, hängt im Wesentlichen von dir und deinen Pflegeeltern ab.

Auch junge Volljährige haben einen Anspruch auf Jugendhilfe, wenn sie aufgrund eines besonders schwierigen Lebensweges noch nicht alle Rückstände aufholen konnten.

An deinem 18. Geburtstag ändert sich aber eine wesentliche Rechtsgrundlage. Die Fortsetzung der Hilfe zur Erziehung musst du selbst beim Jugendamt beantragen.

Lies hierzu auch Kap. 6 ab S. 130.

5.2 Wohngruppen und Heime

Dieses Kapitel beschreibt alle Formen der Hilfe zur Erziehung, bei denen du statt in einer Familie mit einer Gruppe von anderen Kindern und Jugendlichen zusammenlebst und von mehreren Erzieherinnen und Erziehern, meistens im Schichtdienst rund um die Uhr, betreut wirst. Das Gesetz schreibt dazu:

§

§ 34 KJHG
Heimerziehung, sonstige betreute Wohnformen

Hilfe zur Erziehung in einer Einrichtung über Tag und Nacht (Heimerziehung) oder in einer sonstigen betreuten Wohnform soll Kinder und Jugendliche durch eine Verbindung von Alltagsleben mit pädagogischen und therapeutischen Angeboten in ihrer Entwicklung fördern. Sie soll entsprechend dem Alter und Entwicklungsstand des Kindes oder des Jugendlichen sowie den Möglichkeiten der Verbesserung der Erziehungsbedingungen in der Herkunftsfamilie

1. eine Rückkehr in die Familie zu erreichen versuchen oder
2. die Erziehung in einer anderen Familie vorbereiten oder
3. eine auf längere Zeit angelegte Lebensform bieten und auf ein selbstständiges Leben vorbereiten.

Jugendliche sollen in Fragen der Ausbildung und Beschäftigung sowie der allgemeinen Lebensführung beraten und unterstützt werden.

Eine Hilfe zur Erziehung in einer Wohngruppe oder einem Heim ist also für Mädchen und Jungen gedacht, die vorübergehend oder auf Dauer nicht in der eigenen oder einer fremden Familie leben können oder wollen.

Wohngruppen und Heime sind Orte für Kinder und Jugendliche, wo sie sich wohl fühlen und in Begleitung von Erwachsenen gut aufwachsen können. Jede Wohngruppe ist wie ein großer Haushalt – immerhin leben hier meist zwischen acht und zehn Kinder und Jugendliche und drei bis fünf Betreuerinnen und Betreuer zusammen. Deshalb gibt es Regeln und Pflichten, die von allen Beteiligten ausgehandelt und eingehalten werden müssen. Es ist nicht immer einfach, mit anderen Jugendlichen zusammenzuleben. Man muss untereinander klarkommen oder sich zumindest arrangieren. Immer mal wieder gibt es einen Personenwechsel, bei den Mädchen und Jungen oder bei den Erzieherinnen und Erziehern. Es ist oft traurig und schmerzhaft, wenn ein Freund, eine Freundin oder eine Erzieherin weggeht, mit der man sich besonders gut versteht.

Welche Gruppe ist die Richtige?

Es gibt viele verschiedene Formen von Wohngruppen und Heimen, die wir gleich vorstellen wollen. Die Hilfeformen und Einrichtungsarten werden häufig unterschiedlich genannt, was verwirrend sein kann. Aber für die dort lebenden Mädchen und Jungen ist der Name der Einrichtung ja nicht so wichtig. Erkundige dich stattdessen nach den Einzelheiten des Lebens in der Gruppe und nach dem Umfeld.

Neben geschlechtsgemischten Gruppen gibt es auch einige, in denen nur Mädchen oder nur Jungen leben. In manchen leben ausschließlich Jugendliche zwischen 14 und 18 Jahren, in anderen dagegen ist vom Kleinkind bis zum jungen Erwachsenen alles vertreten.

Die Auswahl des richtigen Heimes oder der richtigen Wohngruppe ist für dich sehr wichtig, denn dort willst du ja für einen längeren Zeitraum leben. Die zuständige Mitarbeiterin oder der Mitarbeiter des Jugendamts sucht entsprechend den Absprachen mit dir und den Personensorgeberechtigten eine oder besser mehrere Gruppen, in denen Platz für dich ist. Du solltest dir die Gruppe auf jeden Fall vorher anschauen und – wenn möglich – mit anderen vergleichen. In den Gesprächen mit den Erzieherinnen und Erziehern erfährst du viele Einzelheiten über das Leben dort. Bekommst du ein Einzelzimmer? Wie oft darfst du deine Eltern besuchen und können deine Eltern dich besuchen? Wie ist es mit dem Besuch von Freundinnen oder Freunden, und können diese bei dir übernachten? Welche Schule kannst du besuchen, oder wie sieht es mit einem Ausbildungsplatz aus? Dies sind nur einige Fragen. Für dich können noch andere wichtig sein. Vielleicht sprichst du auch mit den Mädchen und Jungen, die bereits dort leben. So kannst du auch schon mal jemanden kennen lernen.

Viele Gruppen bieten ein so genanntes Probewohnen an. Das bedeutet, dass Mädchen und Jungen, die in die Gruppe einziehen wollen, für einige Tage oder ein Wochenende zu Besuch kommen können. Dieses Angebot solltest du nach Möglichkeit nutzen, denn so bekommt man am besten eine Vorstellung davon, wie es ist, in der Gruppe zu leben.

Wichtig ist auch die Entfernung von deinem bisherigen Lebensort. Manchmal ist es besser, räumlichen Abstand von deinem Herkunftsort zu schaffen, damit du einen richtigen Neustart machen kannst. Für die meisten Mädchen und Jungen ist das jedoch nicht notwendig, sodass du

Kontakt zu allen für dich wichtigen Leuten halten kannst und oft nicht einmal die Schule wechseln musst. Wenn du irgendwann wieder zu deinen Eltern zurück willst, ist es wichtig, dass ihr gemeinsam die Situation in eurer Familie verbessert und das geht viel besser, wenn man in der Nähe wohnt.

Lies hierzu auch »Wie geht es weiter mit deinen Eltern« ab S. 119.

Genau wie du zusammen mit den Personensorgeberechtigten eine Entscheidung treffen musst, treffen auch die Erzieherinnen und Erzieher der Gruppe eine Entscheidung, ob du in die jeweilige Gruppe passt. Viele Heime und Wohngruppen sagen klar, welche Mädchen und Jungen sie nicht aufnehmen wollen, z. B. Drogen konsumierende Jugendliche oder Schulverweigerer. Wenn von vornherein klar ist, dass du die Aufnahmebedingungen nicht erfüllen kannst oder willst, solltest du dich für eine andere Gruppe entscheiden, sonst ist der Ärger mit den Erzieherinnen und Erziehern schon vorprogrammiert.

Wichtige Entscheidungen unter Zeitdruck zu treffen sollte immer vermieden werden. Auch wenn du quasi auf der Straße stehst und nicht mehr weißt wohin, solltest du dir die notwendige Zeit nehmen. Verabrede mit dem Jugendamt, für eine Übergangszeit in einem Jugendnotdienst oder einer Bereitschaftspflegefamilie zu bleiben. Das ist besser, als schnell eine falsche Entscheidung zu treffen.

Wenn du dich für eine Gruppe entschieden hast, so lass dich nicht so leicht davon abbringen. Die Wünsche der Personensorgeberechtigten – und je älter du bist, desto mehr auch deine eigenen – müssen berücksichtigt werden, wenn keine hohen Mehrkosten damit verbunden sind.

Zum Hilfeplan lies ab S. 63.

Formen von Hilfe zur Erziehung im Heim

Kinder- und Jugendheime, Kinderdörfer

Heim – darunter stellen sich viele Menschen eine große Anstalt mit Schlafsälen und langen, muffigen Fluren vor. Aber die Wirklichkeit ist heute anders. Ein Heim ist meist ein größeres Gebäude, in dem es mehrere Gruppen mit jeweils bis zu zehn Kindern und Jugendlichen gibt. Sie werden rund um die Uhr von Pädagoginnen und Pädagogen betreut. Manchmal gibt es in diesen Häusern noch eine zentrale Küche. Immer mehr Heime schaffen das aber ab. Lieber wird in den Wohnungen der Gruppen selbst gekocht und auch dort gemeinsam gegessen.

Zum Personal gehören zuallererst die Erzieherinnen und Erzieher. Sie sind unmittelbar für die Kinder und Jugendlichen in der Gruppe zuständig und kümmern sich um den gesamten Alltag. Dann gibt es oft auch Hauswirtschaftskräfte, die für den Einkauf und die Zubereitung der Lebensmittel, die Hausreinigung und Instandhaltung zuständig sind. Die Verwaltungs- und Leitungskräfte kümmern sich um die Organisation. Sie sorgen dafür, dass »der Laden läuft«. Die Psychologinnen und Psychologen kennen sich besonders gut mit der Diagnose und Behandlung seelischer Probleme aus und können therapeutische Hilfe anbieten. Es gibt auch größere Heime, wo es auf dem Gelände eine Schule und Ausbildungsplätze gibt.

Eine besondere Form der Kinder- und Jugendheime sind die Kinderdörfer. Hier gibt es zwar auch ein Gelände, auf dem in mehreren Gruppen relativ viele Kinder und Jugendliche leben. Im Unterschied zu anderen Heimen lebt aber jede Gruppe in einem eigenen Haus, und die Erzieherinnen und Erzieher, oft auch ein Erzieherpaar, leben auch dort. Dadurch ist die Atmosphäre familiärer, vielleicht eher so wie in einer großen Familie.

Wohngruppen und Kleinstheime

Eine Wohngruppe ist in einem ganz normalen Haus in einem Wohnviertel angesiedelt. Hier leben dann zwischen drei und zwölf Kinder und Jugendliche. Die meisten Wohngruppen haben um die acht Plätze.

In den meisten Wohngruppen werden die Kinder und Jugendlichen von Erzieherinnen und Erziehern rund um die Uhr im Schichtdienst betreut. In einigen Wohngruppen ist es aber so, dass auch Erzieherinnen oder Erzieher, möglicherweise sogar mit der eigenen Familie, in der Gruppe oder in einer Wohnung daneben leben. Man spricht dann auch von Familiengruppen oder Lebensgemeinschaftsgruppen. Es geht hier also ein bisschen wie in einer Großfamilie zu.

Viele Wohngruppen gehören zu größeren Einrichtungen. Häufig sind das ehemalige Heime, deren Gruppen aus dem Heim ausgezogen sind und nun verteilt in der Umgebung liegen. So etwas heißt Außenwohngruppe. Die so genannten Kleinstheime, die auch Kinderhäuser genannt werden, sind dagegen kleine Einrichtungen, die nur über eine Gruppe verfügen. Meist handelt es sich hierbei um Gruppen, in denen Kinder und Jugendliche unterschiedlichen Alters mit Erzieherinnen und Erziehern zusammenleben, die gleichzeitig die Leitung des Kleinstheims haben. Solche Wohngruppen und Kleinstheime, in denen auch die Erzieherinnen und Erzieher leben, sind so ähnlich wie eine Erziehungsstelle.

Jugendwohngemeinschaften

In Jugendwohngemeinschaften, auch Verselbstständigungsgruppen genannt, gibt es keine Rund-um-die-Uhr-Betreuung. Ältere Mädchen und Jungen leben hier recht selbstständig und werden nur noch stundenweise unterstützt. In einigen Jugendwohngemeinschaften sind tagsüber Betreuerinnen und Betreuer als Ansprechpartner da. Es gibt auch Wohngemeinschaften, in denen jede Bewohnerin und jeder Bewohner eine eigene kleine Wohnung mit Küche und Bad hat. Hier hat man, wenn man nicht will, kaum etwas mit den anderen Mitbewohnerinnen und Mitbewohnern zu tun. In manchen Bundesländern heißt so etwas »betreutes Einzelwohnen«

Zum »betreuten Einzelwohnen« lies ab S. 124.

Es mag für viele Mädchen und Jungen verlockend sein, alles allein entscheiden zu können, ohne Erwachsene fragen zu müssen. Es kommt aber darauf an, die richtigen Entscheidungen zu treffen (beispielsweise sich morgens aufzuraffen und zur Schule zu gehen) und das ist für viele sicher noch eine Überforderung. Eine Jugendwohngemeinschaft ist für Jugendliche und junge Erwachsene gedacht, bei denen selbstständig zu werden das wichtigste Ziel der Hilfe ist. Und diese Frage muss im Hilfeplangespräch geklärt werden, bevor du an eine Jugendwohngemeinschaft denkst.

Mutter-Kind-Betreuung

In Mutter-Kind-Einrichtungen leben junge Frauen mit Kindern. Die jungen Frauen können schon während der Schwangerschaft einziehen und werden dann nach der Geburt gemeinsam mit ihrem Kind betreut. In einer Mutter-Kind-Einrichtung sollen sowohl Mädchen und junge Frauen als auch ihre Kinder gute Entwicklungsmöglichkeiten haben. Für die Babys ist es wichtig, mit allem Notwendigen versorgt und in ihrer Entwicklung altersgemäß gefördert zu werden. Das gilt auch für die Mädchen und jungen Frauen, denn viele junge Mütter konnten die Schule oder Ausbildung noch nicht abschließen und sind damit überfordert, gleichzeitig die Verantwortung für ihr Kind allein zu übernehmen und sich gut darum zu kümmern. Eine Mutter-Kind-Einrichtung bietet Entlastung, Unterstützung und Anleitung an, beispielsweise bei der Pflege des Kindes oder bei der Aufsicht.

Das Ziel ist, dass Mutter und Kind gemeinsam leben können, jedoch zeigt sich manchmal auch, dass getrennte Wege für das Kind, für die junge Frau oder für beide besser sind.

Wenn die Hilfe erst durch die Schwangerschaft und Geburt notwendig geworden ist, wenn also der Bedarf nicht bereits vorher bestand, wird die Betreuung von jungen Müttern und Vätern und ihren Kindern nach § 19 des Kinder- und Jugendhilfegesetzes geleistet.

Geschlossene Unterbringung

Ziel von geschlossener Unterbringung ist, eine »Gefahr für Leib und Leben« des betreffenden Jugendlichen oder für jemand anderen abzuwenden. Eine solche freiheitsentziehende Maßnahme kann aber nur durchgeführt werden, wenn eine andere Hilfe nicht ausreicht und muss sofort beendet werden, wenn die Gründe dafür wegfallen. Geschlossene Unterbringung muss von einem Familienrichter genehmigt werden, den Antrag darauf stellen die Personensorgeberechtigten.

Es gibt in Deutschland einige wenige Einrichtungen, die geschlossene Unterbringung durchführen. In diesen Heimen können Mädchen und Jungen bis zu mehrere Monate lang in den Räumen der Gruppe oder auf dem Gelände der Einrichtung eingesperrt werden. Dazu gibt es dort fluchtsichere Türen und Fenster. Aus den Räumen der Wohngruppe kann man nur in Begleitung einer Erzieherin oder eines Erziehers heraus. In geschlossenen Gruppen leben entweder nur Mädchen oder nur Jungen.

Obwohl die geschlossene Unterbringung pädagogisch und juristisch sehr umstritten ist, gibt es Richter, die geschlossene Unterbringung genehmigen. In der Politik wird auch immer wieder gefordert, geschlossene Unterbringung für Kinder und Jugendliche verstärkt einzusetzen, mit denen man sonst nichts anzufangen weiß, beispielsweise für Straffällige oder Schulverweigerer. Es hat sich jedoch gezeigt, dass dort trotz der verschlossenen Türen, Fenster und Tore viele Jugendliche weglaufen.

Die rechtlichen Grundlagen für geschlossene Unterbringung sind zu finden im BGB §§ 1631ff, das Verfahren regelt FGG §§ 70ff. Wenn überlegt wird, ob du geschlossen untergebracht werden sollst, versuche, einen klaren Kopf zu behalten. Dann hast du gute Chancen, dich dagegen zu wehren, denn geschlossene Unterbringung darf nur im äußersten Notfall angewendet werden. Deine Rechte sind im Einzelnen:

- Nur aus einem wichtigen Grund darfst du vor einer Gerichtsentscheidung eingesperrt werden. Wenn das Gerichtsverfahren nicht am nächsten Tag nachgeholt wird, muss die geschlossene Unterbringung beendet werden.

- Ab 14 Jahren bist du verfahrensfähig, d.h. dass du an der Gerichtsverhandlung teilnehmen und selbst Anträge stellen kannst.
- Du musst über das Verfahren, die möglichen Konsequenzen und über deine Rechte informiert werden.
- Ein Verfahrenspfleger muss dir gestellt werden. Das ist eine Person, die deine Interessen vertritt und mit der du möglichst gut zusammenarbeiten solltest.
- Du kannst selbst eine Person auswählen, der du vertraust, und die dann vom Gericht angehört werden muss.
- Es muss ein Gutachten erstellt werden. Wenn du mit der Gutachterin oder dem Gutachter zusammenarbeitest, kannst du das Gutachten zu deinen Gunsten beeinflussen.
- Du oder deine Vertrauensperson kann Beschwerde gegen eine Genehmigung geschlossener Unterbringung durch das Gericht einlegen.

Deine Rechte in der Gruppe

In einer Gemeinschaft wie einer Wohngruppe gibt es Fragen und Konflikte, die für alle Beteiligten fair gelöst werden müssen. Das können einfache und leicht lösbare Probleme, aber auch sehr schwerwiegende Konflikte sein. Ob du zum Beispiel ein Haustier halten möchtest, Schlagzeug spielen willst oder ob es darum geht, wann du wieder zu Hause sein musst: Hier und in vielen anderen Konfliktfällen müssen deine Rechte beachtet werden.

Oft gibt das Gesetz aber keine eindeutige Antwort. Dann muss in der jeweiligen Situation entschieden werden, was wichtig und gerecht ist. Häufig regeln Hausordnungen deiner Einrichtung das Miteinander. Die Hausordnung kann besondere Regelungen enthalten, darf aber Gesetze nicht verletzen. Deshalb ist gut zu wissen, wie deine Rechte aussehen und wo du deine Interessen und Bedürfnisse aushandeln musst.

Schutz vor Gewalt, sexuellen Übergriffen und anderen Straftaten

Was ganz klar sein sollte: Auch innerhalb eines Heims oder einer Wohngruppe gelten die Gesetze. So bist du generell und ganz eindeutig vor Gewalt jeder Art, vor sexuellen Übergriffen und auch vor allen anderen strafbaren Handlungen durch das Gesetz, genau gesagt durch das Strafgesetz, geschützt. Trotzdem kommt es vor, dass eine Erzieherin oder ein Erzieher Schläge mit Erziehung verwechselt, dass Mädchen oder Jungen von einem Erzieher oder einem Mitbewohner sexuell missbraucht werden oder dass einem Jugendlichen regelmäßig Geld und Wertsachen gestohlen werden.

Kommst du in solch eine Lage oder siehst du, dass ein Mädchen oder ein Junge aus deiner Gruppe Opfer von Straftaten wird, mach dir klar, dass man sich gegen eine solche Verletzung der Rechte wehren kann. Vielleicht muss man bei einem einzelnen Diebstahl nicht gleich zur Polizei gehen, es reicht vielleicht, wenn du die Angelegenheit mit den Erzieherinnen und Erziehern besprichst und schließlich deine Sachen zurückbekommst. Andere Straftaten sind jedoch häufig nicht so einfach aus der Welt zu schaffen, besonders wenn einer der Betreuer und Betreuerinnen der Täter ist oder wenn du dich durch einen anderen Jungen oder ein Mädchen bedroht fühlst.

Am besten ist es, sich zuerst Hilfe und Unterstützung zu besorgen. Das können die anderen Mädchen und Jungen der Gruppe sein oder eine Erzieherin oder ein Erzieher, dem du vertraust. Für Opfer von sexuellem Missbrauch gibt es spezielle Beratungsstellen, die dich bei der Überlegung, was du tun kannst, unterstützen. In vielen Städten gibt es auch Kinder- und Jugendnottelefone. Es kann auch helfen, sich an das zuständige Jugendamt oder an die Leitung der Einrichtung zu wenden. Bei schweren Straftaten sollte man aber ernsthaft überlegen, zur Polizei zu gehen und eine Anzeige zu machen, denn oft ist man nur so vor weiteren Straftaten sicher.

Einzelheiten zum Thema Strafanzeige und Strafverfahren findest du in Kapitel 9 ab S. 176.

Taschengeld

Alle Kinder und Jugendlichen in Wohngruppen und Heimen erhalten ein monatliches Taschengeld, das von den Betreuerinnen und Betreuern ausgezahlt wird. Der Betrag richtet sich nach dem Alter, und in jedem Bundesland gelten unterschiedliche Sätze. Dieses Geld steht allein dir zur Verfügung, darf also nicht ohne dein Einverständnis beispielsweise für Ausflüge verwendet werden. Ob dir das Taschengeld aber in einer Summe oder in Teilbeträgen ausgezahlt wird, musst du mit deinen Erzieherinnen und Erziehern besprechen. Diese sollen nämlich darauf achten, dass du den Umgang mit Geld erlernst. Es ist ja auch für dich besser, wenn du am Ende des Monats noch Geld hast.

In manchen Heimen und Wohngruppen wird als Strafe etwas vom Taschengeld abgezogen, wenn das betreffende Mädchen oder der Junge die Regeln übertreten hat. Das ist nicht zulässig.

Lies ausführlicher zu den Taschengeldregelungen ab S. 150.

Wenn etwas kaputtgeht

Wie schnell kann es dir passieren, dass dir beim Arbeiten in der Küche ein Gerät herunterfällt oder beim Balgen im Wohnzimmer ein Stuhl zerbricht. Dies wird normalerweise nicht dazu führen, dass du Schadensersatz leisten musst. Grundsätzlich bist du nur für Schäden verantwortlich, die du entweder bewusst in Kauf nimmst oder gar vorsätzlich herbeiführst. Wenn du also in Wut mutwillig eine Scheibe zertrümmerst, so kann von dir Schadensersatz verlangt werden. Auch wenn dir das ausgeliehene Radio einer Mitbewohnerin hinfällt, wirst du dich um einen Ersatz kümmern müssen. Besonders heikel ist mutwillig angerichteter Schaden, wenn es um größere Werte geht. Das ist oft mehr, als du im Jahr an Taschengeld zur Verfügung hast.

Dein Taschengeld kann normalerweise nicht ohne dein Einverständnis zur Schadensregulierung herangezogen werden. Es ist für die Erfüllung deiner persönlichen Bedürfnisse bestimmt. Nur du kannst darüber verfügen. In Ausnahmefällen kann allerdings verlangt werden, dass du von deinem Taschengeld einen Schaden begleichst. Dazu gibt es unterschiedliche Länderrichtlinien. Wenn gerichtlich festgestellte Schadensersatzansprüche erfüllt werden müssen, können 30 % – in einigen

Ländern sogar 50% – deines Taschengeldes dazu herangezogen werden. Nur die Richtlinien in Hamburg erlauben so etwas nicht.

Für verursachte Schäden kannst du auch noch nach deiner Zeit im Heim herangezogen werden. Besonders wenn du schuldhaft Schaden anrichtest, kann der Anspruch des geschädigten Menschen so lange erhalten bleiben, bis du volljährig bist, das Heim verlassen und ein eigenes Einkommen hast. Auch deine Eltern können zum Schadensersatz verpflichtet sein.

Vielleicht findest du ja auch noch andere Möglichkeiten, entstandene Schäden wieder gutzumachen, beispielsweise indem du freiwillig etwas für die Wohngruppe tust oder bei der Reparatur des Schadens mithilfst.

❦ Bekleidung

Neben dem Taschengeld steht dir ein bestimmter Betrag für den Einkauf von Bekleidung zur Verfügung, je nach Bundesland verschieden. Sie werden meist in monatlicher Höhe festgelegt, können aber auch angespart werden. Die Sätze solltest du unbedingt erfragen.

Sinnvoll ist, wenn du für dich einen Nachweis über den Einkauf hast. Manche Jugendliche legen sich dafür eine Karteikarte an oder tragen Bekleidungsstück und Preis in ein Heft ein. Dieser Überblick über bereits ausgegebenes und noch zu Verfügung stehendes Geld ist wichtig, weil in vielen Bundesländern die Anschaffungen nur innerhalb eines Kalenderjahres gemacht werden dürfen. Selbst wenn du also im Dezember noch Geld übrig hast, kannst du dir im Januar nichts mehr davon kaufen. In den meisten Wohngruppen und Heimen werden Listen geführt, in denen die Ausgaben der einzelnen Mädchen und Jungen und der Bestand an Restgeld festgehalten werden.

Schwierig wird es oft, wenn es um den Einkauf geht. Bei jüngeren Kindern wird gemeinsam mit den Erzieherinnen und Erziehern ausgesucht und entschieden. Jugendliche dürfen mit zunehmendem Alter weitgehend allein entscheiden. Die Erzieherinnen und Erzieher sollen nur darauf achten, dass du sinnvolle Einkäufe tätigst, damit dir nicht plötzlich etwas Wichtiges fehlt.

Mädchen und Jungen, die gerade in ein Heim oder eine Wohngruppe eingezogen sind, haben häufig nicht viel von zu Hause mitnehmen können. Fehlen wichtige Dinge, kann beim zuständigen Jugendamt ein Antrag auf eine besondere Bekleidungsbeihilfe gestellt werden. Das ist auch zu besonderen Gelegenheiten möglich, beispielsweise wenn du eine Ausbildung beginnst und Berufsbekleidung brauchst oder zur Konfirmation einen Anzug. Ob und wie viel Bekleidungsbeihilfe gezahlt wird, hängt allerdings vom Ermessen des Jugendamtes ab und ist deshalb regional sehr unterschiedlich.

Dein Zimmer

Das eigene Zimmer gehört zu den persönlichen Bereichen. In einem guten Heim werden Erzieherinnen und Erzieher sicher nicht ohne deine Einwilligung in dein Zimmer gehen und schon gar nicht in deinen Schränken herumwühlen. Du musst es auch nicht zulassen, wenn dafür kein Grund vorliegt. Eine routinemäßige Kontrolle ist nicht zulässig. Nur im Notfall oder zur Abwendung von Gefahren kann eine Durchsuchung zulässig sein. Eine solche Gefahr ist dann gegeben, wenn du z.B. eine Waffe oder illegale Drogen versteckt hast (vgl. S. 152). Juristisch gesehen gibt es hier keine konkrete Festlegung. Es ist eher ein so genanntes gelebtes Recht und das besagt, dass es nur in äußersten Notfällen dazu kommen darf. Der Bogen muss weit überspannt sein, ehe Kontrollen in deinem Zimmer erlaubt sind.

Gestaltung des Zimmers

Ein schönes Zimmer, in dem du dich wohl fühlst, ist wichtig für dein gesamtes Wohlbefinden. Dein Zimmer sagt immer auch etwas über dein Lebensgefühl aus. Du solltest daher immer die Gelegenheit haben, dein Zimmer selbst zu gestalten. Die Erzieherinnen und Erzieher deiner Gruppe werden dich dabei beraten und dich unterstützen. Zur Gestaltung deines Zimmers sollte es auch gehören, dass du eigene Möbel aufstellen darfst. Vor allem wenn du dich auf deine eigene Wohnung vorbereitest, sind eigene Möbel wichtig.

Natürlich ist die Zimmergestaltung schwieriger, wenn du dir den Raum mit einem anderen Mädchen oder Jungen teilst. Ihr müsst euch absprechen und aufeinander Rücksicht nehmen. Dazu kann es auch notwendig sein, genau abzustimmen, wer welche Wand und welche Teile des Zimmers gestalten kann.

Problematisch wird es, wenn du bei deiner Zimmergestaltung Möbel oder Wände beschädigst. Auch kann es schwierig werden, wenn du die Wände in extremen Farben streichen willst. Dies solltest du in jedem Fall vorher absprechen. Bei der Zimmergestaltung im Heim spielt immer auch eine Rolle, dass du nur eine bestimmte Zeit dort lebst, das Heim aber nicht das Geld hat, das Zimmer in Abständen von wenigen Monaten zu renovieren. Außerdem musst du dich an die gesetzlichen Vorschriften halten, was z. B. den Brandschutz betrifft.

Bei Konflikten bei der Zimmergestaltung solltest du dich mit den Erzieherinnen und Erziehern zusammensetzen und eine gemeinsame Lösung finden. Zur Not kannst du aber auch deine Sozialarbeiterin vom Jugendamt einbeziehen.

Besitz von Tieren

Grundsätzlich haben Kinder und Jugendliche ein Recht darauf, ein eigenes Tier zu besitzen, wie jedes andere Kind auch. Allerdings gibt es in einigen Bundesländern Richtlinien, die die Haltung von bestimmten Tierarten in Einrichtungen verbieten. Auch hierbei gibt es sehr widersprüchliche rechtliche Aussagen. In Richtlinien, die vom Gesundheitsamt ausgegeben werden, ist oft zu lesen, dass so genannte Felltiere (Hamster, Meerschweinchen, Hunde oder Katzen) nicht gehalten werden dürfen. Es gibt auch Mietverträge, die Tierhaltung verbieten, und danach müssen sich dann alle Bewohner richten.

Auf jeden Fall wichtig ist die artgerechte Haltung und die Beachtung des geltenden Tierschutzgesetzes. Auch Tiere haben ein Recht auf Schutz. Wer also von seiner Entwicklung her nicht in der Lage oder bereit ist, ein Tier so zu halten, wie es den gesetzlichen Bestimmungen entspricht, dem kann das Recht auf ein eigenes Tier versagt werden. Außerdem musst du Rücksicht nehmen auf die anderen Mädchen und Jungen in deiner Gruppe und auf die Erzieherinnen und Erzieher. Wenn z. B. jemand eine Allergie gegen Tierhaare hat oder vor deinem Tier Angst bekommt, musst du wohl darauf verzichten. Du solltest also gemeinsam mit deinen Erzieherinnen und Erziehern überlegen, ob es wirklich Sinn macht, ein

Tier zu kaufen, das man dann über Jahre hinweg pflegen und gut mit ihm umgehen muss.

Persönliches Eigentum

Es gibt viele gesetzliche Regelungen zum persönlichen Eigentum. Kinder und Jugendliche können persönliches Eigentum haben und darüber auch verfügen.

Persönliches Eigentum sind:

- alle die Gegenstände, die dem Kind oder dem Jugendlichen zu dessen Verfügung gekauft oder geschenkt worden sind
- alle Gegenstände, die das Kind oder der Jugendliche von eigenem Geld für sich gekauft hat
- alle geerbten Gegenstände
- alle selbst hergestellten Gegenstände.

Über diese Gegenstände haben Kinder und Jugendliche grundsätzlich ein freies Verfügungsrecht. Im Prinzip darf ihnen niemand das persönliche Eigentum wegnehmen.

Einschränkungen gibt es bei Dingen, die an Kinder und Jugendliche nicht verkauft oder abgegeben werden dürfen, beispielsweise Alkohol oder Feuerwerkskörper. Eine weitere Einschränkung gibt es, wo du dich selbst oder andere mit deinem Eigentum gefährdest, z.B. durch Waffen.

Fernseher, Musik-Anlage und Computer

Vielleicht habt ihr in eurer Gruppe schon darüber gestritten, ob du einen eigenen Fernseher im Zimmer haben darfst oder nicht. Hierzu gibt es keine gesetzliche Regelung. Nirgendwo ist gesetzlich festgelegt, ob ein Jugendlicher in seinem Zimmer einen Fernseher, einen Computer oder ein Radio haben darf. Manche Heimordnungen und Gruppenregeln schreiben dazu etwas. Solche Regelungen sollen verhindern, dass Kinder und Jugendliche Nacht für Nacht vor dem Fernseher oder dem Computer sitzen und am nächsten Morgen übermüdet oder gar nicht in die Schule oder zur Arbeit gehen. Es kommt also darauf an, dass du dich mit den Erzieherinnen und Erziehern einigst, wie du deinen Fernseher, deine Anlage und deinen Computer nutzt.

Ob, wie und wann du solche Geräte in deinem Zimmer benutzen darfst, hängt sicher auch davon ab, ob du ausreichend Rücksicht auf die anderen Mädchen und Jungen, auf die Erzieherinnen und Erzieher und auch auf eure Nachbarn nimmst.

Briefgeheimnis

Auch für Kinder und Jugendliche in Heimerziehung gilt das Briefgeheimnis. Eltern, Erzieherinnen und Erzieher sind jedoch verpflichtet, in sinnvoller Weise mit dem Mädchen oder Jungen über Kontakte zu sprechen, die eine Gefahr darstellen könnten.

Lies hierzu Kap. 7 ab S. 141.

Gäste

Grundsätzlich kann man in eine Wohngruppe den Besuch mitnehmen, den man mitnehmen möchte. Eine Festlegung hierfür gibt es aus juristischer Sicht nicht; es gibt jedoch meistens eine Regel oder Vereinbarung mit den Erzieherinnen und Erziehern. Eine Wohngruppe ist ja kein Jugendzentrum, sondern ein privater Raum für die Mädchen und Jungen, die dort leben. In vielen Gruppen gibt es Ruhezeiten, in denen kein Besuch kommen darf, z. B. wenn alle ihre Schulaufgaben machen.

Auch für Gäste gelten die Regeln in der Gruppe. Ein Bekannter, der z. B. regelmäßig Alkohol mitbringt, obwohl Alkohol nicht erlaubt ist, wird sicher nicht gern gesehen sein. In solchen Fällen können die Erzieherinnen und Erzieher ein befristetes oder unbefristetes Hausverbot aussprechen. Der- oder diejenige darf dann nicht mehr kommen und ein Verstoß gegen das Hausverbot kann als Hausfriedensbruch bewertet und bestraft werden.

Eine immer wieder aufkommende Frage ist, ob man Gäste über Nacht in seinem Zimmer schlafen lassen darf. In den meisten Gruppen müssen Gäste zumindest schon eine Zeit lang bekannt sein, bevor sie in deinem

Zimmer übernachten dürfen. Das ist mit Rücksicht auf die anderen Mädchen und Jungen auch sinnvoll, denn wer möchte schon im Bad plötzlich einem Fremden gegenüberstehen.

Wenn es sich um eine Freundin oder einen Freund des anderen Geschlechts handelt, bekommt das Thema besondere Bedeutung. Auch hierfür gibt es kein festgeschriebenes Recht. Die Erzieherinnen und Erzieher müssen diese Frage mit den Sorgeberechtigten vorher besprechen, um eine Regelung zu verabreden. Eine Altersbegrenzung nach oben oder unten gibt es nicht. Schwierig wird es aber bei einem großen Altersunterschied, denn sexuelle Beziehungen zwischen Minderjährigen unter 16 Jahren und Erwachsenen sind nämlich generell verboten und für die betreffenden Erwachsenen strafbar. Damit sollen Mädchen und Jungen vor sexuellem Missbrauch geschützt werden. Ein 14-jähriges Mädchen beispielsweise, deren 22-jähriger Freund in deren Zimmer übernachten will: das geht auf keinen Fall.

Ausgangszeiten

Gemeint ist damit, wann die Mädchen und Jungen abends bzw. nachts wieder in der Gruppe sein sollen. In fast allen Gruppen gibt es dafür nach Alter gestaffelte Richtzeiten. In den meisten Gruppen richtet man sich nach dem Jugendschutzgesetz. Dieses Gesetz bestimmt unter anderem, wie lange Minderjährige an öffentlichen Veranstaltungen (z. B. Disco) ohne Begleitung Erwachsener teilnehmen dürfen. Die Zahlen: unter 16 Jahren bis 22 Uhr, unter 18 Jahren bis 24 Uhr. Für noch Jüngere wird meist eine frühere Zeit verlangt. Es ist jedoch eigentlich nicht notwendig, die Gruppenregeln am Jugendschutzgesetz auszurichten. Private Veranstaltungen wie Partys sind damit überhaupt nicht gemeint. Wenn es darum geht, wie lange du wegbleiben darfst, solltest du allerdings bedenken, dass die Erzieherinnen und Erzieher verantwortlich dafür sind, dass dir nichts passiert.

Wenn du einmal woanders übernachten möchtest, so ist das eine Frage der Absprache mit den Erzieherinnen und Erziehern und letztlich auch eine Entscheidung der Personensorgeberechtigten.

Hausarrest

Hausarrest kennen viele Jungen und Mädchen sicher von ihrer Familie: Wenn man etwas angestellt hat, darf man für eine gewisse Zeit das Haus oder auch sein Zimmer nicht verlassen. Das gibt es auch in Wohngruppen und Heimen. Hausarrest ist etwas anderes als geschlossene Unterbringung (vgl. S. 105), zumindest dann, wenn das betroffene Mädchen oder der Junge nicht für die Dauer des Hausarrests im Zimmer eingeschlossen wird. Für Hausarrest ist also nicht die Genehmigung eines Richters notwendig.

Man kann über den Sinn einer solchen Strafe im Einzelfall streiten, aber es ist meist besser, die Strafe zu ertragen, als sich noch zusätzliche Auseinandersetzungen mit den Erzieherinnen und Erziehern einzuhandeln. Rechtlich kann man sich nicht gegen Hausarrest wehren.

Lies hierzu auch Kap. 7 ab S. 145.

Alkohol und Nikotin

Über Alkohol und über das Rauchen wird in den meisten Wohngruppen häufig diskutiert und auch gestritten. Das liegt sicher auch daran, dass das Erlernen des Umgangs mit diesen legalen Drogen zum Erwachsenwerden dazugehört.

Da die Erzieherinnen und Erzieher auch auf die Gesundheit der Mädchen und Jungen achten müssen, wird das Rauchen meist erst ab 16 Jahren erlaubt. Vorher ist das Rauchen besonders schädlich und nach dem Jugendschutzgesetz darf man ja auch erst ab 16 Jahren Zigaretten kaufen. Häufig ist Rauchen auch unabhängig vom Alter nur in bestimmten Räumen erlaubt. Solche Regeln haben den Sinn, die Nichtraucher vor dem Qualm der anderen zu schützen.

Die Mehrzahl der Erzieherinnen und Erzieher ist zwar nicht grundsätzlich gegen Alkohol, aber trotzdem ist Alkohol in vielen Wohngruppen generell nicht erlaubt, unabhängig vom Alter. Mit einer solchen Regel soll verhindert werden, dass Alkohol zu einem alltäglichen Genussmittel in der Gruppe wird. In vielen Wohngruppen und Heimen ist es dennoch üblich, in Absprache mit den Erzieherinnen und Erziehern zu besonderen Gelegenheiten, beispielsweise Geburtstagen, Alkohol zu trinken.

Illegale Drogen und Sucht

Illegale Drogen sind, wie der Name schon sagt, verboten, selbstverständlich auch in Heimen und Wohngruppen. Trotzdem gibt es dort, wie woanders auch, Mädchen und Jungen, die illegale Drogen ausprobieren und manche gewöhnen sich an, ihre Probleme und den Stress und Ärger im Alltag nur noch mit Drogen zu »behandeln«.

Drogen und Sucht – das gilt übrigens auch für Alkoholabhängigkeit – führen meist zu schwerwiegenden Konflikten zwischen den betroffenen Jugendlichen und den Erzieherinnen und Erziehern. Häufig wird die Frage gestellt, ob das Mädchen oder der Junge die Gruppe verlassen muss, denn viele Erzieherinnen und Erzieher sind der Meinung, dass sie mit Drogen konsumierenden Jugendlichen nicht arbeiten können. Es ist auch wirklich schwierig, ständig Drogen konsumierende Mädchen und Jungen zusammen mit anderen zu betreuen, denn wird der Drogenkonsum bei einem Teil der Jugendlichen akzeptiert, sinkt bei den anderen wahrscheinlich die Hemmschwelle, selbst auch Drogen zu nehmen. Außerdem werden alltägliche Fragen wie Schule, Küchendienst etc. für Mädchen und Jungen, die Drogen nehmen, erfahrungsgemäß weniger wichtig.

Demgegenüber steht das Recht von Drogen konsumierenden Mädchen und Jungen auf Hilfe, denn die Probleme werden durch Drogenkonsum ja nicht kleiner, sondern eher noch größer. Statt dass sie ihre Probleme ansprechen können, müssen die Jugendlichen den Konsum von Drogen häufig verheimlichen, weil sie befürchten, aus der Gruppe entlassen zu werden. Wenn du illegale Drogen nimmst, wirst du die Schwierigkeiten kennen, die viele Erzieherinnen und Erzieher im Umgang mit dir und deinem Drogenkonsum haben. Es kann deshalb ratsam sein, dir in einer Beratungsstelle oder bei einem Arzt oder einer Ärztin Unterstützung zu holen, bevor du offen mit deinen Erzieherinnen und Erziehern über deinen Drogenkonsum sprichst.

Die Erzieherinnen und Erzieher sollten auf jeden Fall über Drogen und ihre Bedeutung im Jugendalter Bescheid wissen und sie sollten in der Lage sein, Ratschläge für einen risikoarmen Umgang mit Drogen zu geben. Häufig ist Drogenkonsum im Jugendalter nämlich nur ein vorübergehendes Problem und verschwindet nach einiger Zeit wieder.

In so einer Situation den betreffenden Jugendlichen überstürzt zu entlassen ist nicht notwendig.

Wenn sich bei einem Mädchen oder einem Jungen der Konsum von Drogen allerdings verfestigt oder gar bei einer regelrechten Abhängigkeit von harten Drogen, ist ein Wechsel der Hilfeform häufig nicht zu vermeiden und nicht nur für die Wohngruppe, sondern meist auch für den betreffenden Jugendlichen die bessere Lösung. Mädchen und Jungen, die massive Drogenprobleme haben, werden nur selten in Gruppen betreut, sondern nach § 35 KJHG im Rahmen einer »intensiven sozialpädagogischen Einzelbetreuung«.

Zur »intensiven sozialpädagogischen Einzelbetreuung« lies Kap. 5.3, ab S. 125.

Finanzierung und Kostenbeteiligung

Die Kosten

Die Betreuung in einem Heim oder einer Wohngruppe kostet eine Menge Geld. Ein Platz kostet meist über 100 € pro Tag. Es gibt aber auch Heime, die das Doppelte kosten.

Der größte Teil dieses Geldes wird für Personalkosten ausgegeben. Die Betreuerinnen und Betreuer und das Personal in Leitung und Verwaltung müssen ja alle bezahlt werden. Hinzu kommen die Kosten für die angemieteten Wohnungen oder Häuser, für den Strom, das Wasser, die Heizung, die Lebensmittel und noch vieles mehr. Nur die wenigsten Eltern können das alles selbst bezahlen. Deshalb übernimmt das Jugendamt in der Stadt oder dem Landkreis, in dem deine Eltern wohnen, die Kosten. Wenn ein Mädchen oder ein Junge in eine Wohngruppe oder ein Heim kommt, geht es also auch immer um Geld. In manchen Städten und Kreisen haben die Jugendämter heute Einsparungen im Haushalt zu verkraften, und versuchen, teure Hilfen nach Möglichkeit zu vermeiden. Mit dem Geld der Steuerzahlerinnen und -zahler sparsam umzugehen ist ja nicht falsch, aber dem steht der Rechtsanspruch deiner Eltern gegenüber, eine der Situation in der Familie angemessene und Erfolg versprechende Hilfe zu bekommen.

Wenn du den Eindruck hast, dass in den Gesprächen mit den Mitarbeiterinnen und Mitarbeitern des Jugendamtes nur noch über die Kosten gesprochen wird und deine individuellen Bedürfnisse keine Rolle mehr zu spielen scheinen, suche dir Unterstützung. Eine Person, der du vertraust und mit der du vorher geklärt hast, wie du selbst dir die Hilfe vorstellst, kann an den Gesprächen teilnehmen und mit dir zusammen deine Interessen besser zur Geltung bringen.

❦ Kostenbeteiligung für Eltern

Wie bei Sozialleistungen üblich müssen die Empfänger, d.h. deine Eltern, alle, die dir gegenüber unterhaltspflichtig sind und du selbst, einen Beitrag zu den Kosten leisten. Die Richtlinien dazu sind in den Bundesländern unterschiedlich. Die Höhe des Elternbeitrags richtet sich nach den Lebenshaltungskosten für ein Kind in der Familie, wie sie zu Hause auch entstehen würden. Viele Eltern haben jedoch ein so geringes Einkommen, dass sie keine Beiträge zahlen können und müssen. Das trifft besonders für Eltern zu, die arbeitslos sind oder von Sozialhilfe leben. Dann übernimmt das Jugendamt die Kosten ganz.

❦ Kostenbeteiligung für Jugendliche

Wenn du in einem Angebot der Heimerziehung lebst und eigenes Geld verdienst, musst du auch einen Beitrag zu den Kosten leisten. Einen Teil kannst du auf jeden Fall behalten. Die Abrechnung dafür machen meist deine Betreuerinnen und Betreuer. Auch die Vorschriften dazu sind in den einzelnen Bundesländern sehr unterschiedlich. Das macht es schwer, eine genaue Auskunft zu geben.

Wenn du wissen willst, warum du wie viel zahlen musst, frage deine Erzieherinnen und Erzieher. Ganz genau kannst du dich von der Leistungsstelle im Jugendamt informieren lassen. Häufig heißt diese Stelle »Abteilung Wirtschaftliche Jugendhilfe«. Wo du diese Stelle findest, kann dir deine zuständige Sozialarbeiterin im Jugendamt sagen.

Waisenrente

Falls du Halbwaisen- oder Waisenrente bekommst, wird diese ganz vom Jugendamt einbehalten. Das mag aus deiner Sicht bedauerlich sein, aber schließlich sorgt das Jugendamt ja jetzt für deinen Lebensunterhalt.

Wie geht es weiter mit deinen Eltern?

Deine Eltern bleiben deine Eltern, sie sind in der Regel weiter für dich verantwortlich, auch wenn du nicht mehr zu Hause lebst. Sie geben nur Teile des Sorgerechts als Aufgabe an andere weiter. Man kann es vergleichen mit der Schule. Dort sind ja während des Unterrichts auch die Lehrer für dich verantwortlich. Bei der Erziehung im Heim wird natürlich wesentlich mehr Verantwortung an die dort tätigen Mitarbeiterinnen und Mitarbeiter übergeben. Diese sind gegenüber deinen Eltern und gegenüber dem Jugendamt rechenschaftspflichtig.

Anders liegt die Sache nur dann, wenn deine Eltern dir schaden, wenn du vor ihnen geschützt werden musst. Man spricht dann von »Kindeswohlgefährdung«, deinen Eltern wird dann vom Familiengericht das Sorgerecht entzogen und an ihre Stelle tritt dann ein Vormund oder ein so genannter Personensorgerechtspfleger.

Lies hierzu auch Kap. 8.

Wieweit deine Eltern noch eine Rolle in deinem Leben spielen, hängt davon ab, wie gut ihr euch versteht. Für die meisten Mädchen und Jungen ist es aber wichtig, dass sie Kontakt zu ihren Familien behalten. Die meisten Einrichtungen bieten auch an, dass sie nicht nur Jugendliche betreuen, sondern auch mit deren Eltern arbeiten. Das Ziel dabei ist, das Verhältnis zwischen den Mädchen und Jungen und ihren Eltern zu verbessern. Der § 34 beschreibt ja sogar als ein mögliches Ziel der Hilfe in Wohngruppen, eine Rückkehr des betreffenden Kindes oder Jugendlichen in die Familie zu erreichen. Falls es dir wichtig ist, weiterhin Kontakt zu deinen Eltern zu halten und vielleicht alte Streitthemen auszuräumen, nenne das im Hilfeplangespräch klar als dein Ziel. Wenn deine Eltern das genauso sehen, können dann Vereinbarungen darüber getroffen werden, wie mit deinen Eltern gearbeitet wird. Wenn deine

Eltern dir nicht schaden, sollte dir und ihnen überlassen bleiben, wie oft ihr euch gegenseitig besucht.

Kosten für Fahrten nach Hause

Je nachdem, wie weit dein neuer Lebensort von deinem Elternhaus entfernt ist, können die Fahrtkosten eine große finanzielle Belastung sein. Kläre diese Frage im Hilfeplangespräch. Im Hilfeplan sollte stehen, wie oft das Jugendamt solche Fahrtkosten übernimmt.

Was für die Hilfeplanung wichtig ist

Vielleicht hast du den Abschnitt über das Hilfeplanverfahren und die Hilfeplangespräche schon gelesen (vgl. Kap. 3.5.2). Wenn du in einem Heim oder einer Wohngruppe wohnst oder dein Umzug in eine solche bevorsteht, solltest du einige Einzelheiten kennen und beachten, die im Folgenden beschrieben werden.

Ganz allgemein gilt: Es ist wichtig, dass sich die Erwachsenen – Erzieherinnen, Heimleitung, Sozialarbeiterin des Jugendamtes, Vormund, Eltern – regelmäßig mit dir zusammensetzen. Es muss regelmäßig mit dir überprüft werden, ob die Ziele, die du dir gesteckt hast und die im Hilfeplangespräch mit den Erzieherinnen und Erziehern, dem Mitarbeiter des Jugendamtes und deinen Eltern vereinbart worden sind, noch gelten, ob du sie erreicht hast oder nicht. Nimm aktiv an den Hilfeplangesprächen teil, nur dann kannst du deine eigene Meinung, deine Einschätzungen und Ideen den anderen vermitteln. Nur dadurch lernst du auch, wie die anderen über dich denken. Sie entscheiden schließlich mit über deinen Lebensweg.

Du kannst mitreden

Im Kinder- und Jugendhilfegesetz ist in § 8 und § 36 dein Recht festgelegt, an allen Entscheidungen über deine Person beteiligt zu sein. Dazu gehören auch die Gespräche, die zu solchen Entscheidungen führen. Im Gesetz wird das abhängig gemacht vom Entwicklungsstand des betreffenden Jungen oder Mädchen. Aber auch bei kleinen Kindern, die dem Gespräch noch gar nicht folgen können, muss man sich etwas einfallen lassen, um herauszufinden, was das Kind will. Wenn du eigentlich mitreden könntest, sind Hilfeplangespräche ohne deine Beteiligung rechtwidrig, ebenso wenn du zeitweise vom Hilfeplangespräch ausgeschlossen wirst.

❦ Berichte über dich

Früher wurden von den Erzieherinnen und Erziehern in regelmäßigen Abständen Entwicklungsberichte geschrieben, um das Jugendamt zu informieren, wie es dir geht und wie dein Leben in der Zeit seit dem letzten Bericht verlaufen ist. Dieses Verfahren wurde Anfang der 90er Jahre durch das Hilfeplanverfahren abgelöst. Aber auch heutzutage schreiben die Erzieherinnen und Erzieher häufig Berichte, um die zuständige Mitarbeiterin oder den Mitarbeiter des Jugendamtes vor dem Hilfeplangespräch oder zwischen den Gesprächen zu informieren. Wenn du nicht weißt, wie das in deiner Gruppe und im für dich zuständigen Jugendamt geregelt ist, frage unbedingt nach.

Wenn Berichte über dich verfasst werden, versuche auch dann, dich aktiv zu beteiligen. Besprich mit deinen Erzieherinnen und Erziehern, was sie über dich schreiben. Evtl. kannst du auch einen eigenen Bericht schreiben und an das Jugendamt schicken.

Berichte können die Hilfeplangespräche auf jeden Fall nicht ersetzen:

- Kinder und Jugendliche erleben mehr, als in einem Bericht stehen kann. Die Berichte können dein Leben nicht richtig wiedergeben. Alles steht aber hinterher in deiner Akte und prägt das Bild von dir.
- Die Erzieherinnen und Erzieher wissen vielleicht nicht, was wirklich wichtig für dich ist.
- Oft stehen in den Berichten überwiegend Probleme, die du hast, oder es werden vor allem negative Erfahrungen beschrieben, die die Erzieherinnen und Erzieher mit dir gemacht haben.
- Es ist besser für den Hilfeprozess, wenn mit dir geredet statt über dich geschrieben wird.

Deine Akte

Über dich und deine Entwicklung werden Akten angelegt: im Jugendamt und auch in den Einrichtungen, die dich betreut haben. In den Akten sind gewöhnlich die Hilfepläne, wesentlicher Schriftverkehr, kurze Aktennotizen und deine Zeugnisse enthalten. Zur Vorbereitung auf die Hilfeplangespräche kann es sinnvoll sein, wenn du auch die Hintergründe kennst. Dann kannst du dir deine Akte geben lassen, um nachzulesen, was früher über dich geschrieben wurde.

Es ist gesetzlich geregelt, dass du Einblick in deine Akte bekommen kannst. Manche Teile darfst du aber doch nicht lesen, weil sie Informationen über dritte Personen enthalten, beispielsweise über einen Freund deiner Mutter. Die entsprechenden Blätter werden dann vorher entfernt oder die Angaben, die du nicht sehen darfst, werden geschwärzt.

Genauso ist gesetzlich geregelt, wer überhaupt Einsicht in deine Akte nehmen darf. Lies hierzu auch Kap. 7 ab S. 141.

Wenn du Ärger mit den Erzieherinnen und Erziehern hast

Dass du manchmal Ärger mit den Erzieherinnen und Erziehern hast, ist ganz normal, das kommt auch in den besten Familien vor. Wenn der Streit nicht mehr lösbar zu sein scheint, kann es soweit kommen, dass du das Heim oder die Wohngruppe verlassen sollst.

Am besten ist, wenn du es gar nicht soweit kommen lässt. Wenn du trotzdem entlassen werden sollst, muss dem ein Hilfeplangespräch vorausgehen. Das gilt auch dann, wenn du lediglich in eine andere Gruppe der Einrichtung verlegt werden sollst. An Entlassungen und Verlegungen müssen deine Eltern bzw. die Personensorgeberechtigten und das zuständige Jugendamt beteiligt werden.

Beim Hilfeplangespräch versuche zu erklären, warum es aus deiner Sicht zu dieser Situation gekommen ist. Auch während des Hilfeplangesprächs kann es noch zu einer Einigung mit den Erzieherinnen und Erziehern kommen, beispielsweise wenn ihr eine Vereinbarung treffen könnt, wie du dich in Zukunft in ähnlichen Situationen verhalten kannst und willst. Wenn die Erzieherinnen und Erzieher aber weiterhin nicht mehr mit dir arbeiten wollen, hat es allerdings wenig Sinn, in der Gruppe zu bleiben.

In Heimen und in Wohngruppen gibt es vieles zu regeln und zu entscheiden. Bei allen Dingen, die sie betreffen, sollten hierbei auch Kinder und Jugendliche mitreden und mitentscheiden können. Dies ist auf der Gruppenebene hoffentlich selbstverständlich und auch – z. B. mit regelmäßigen Gruppengesprächen, an denen alle teilnehmen – leicht zu organisieren. Hier kann beispielsweise über die Regeln in der Gruppe diskutiert und mit entschieden werden, über den Kauf von Material und Spielen und auch über eine gemeinsame Ferienfreizeit. Solche Gruppengespräche sind in den meisten Einrichtungen üblich. Zum Teil werden die Gruppengespräche aber auch nur zur Verkündung der Beschlüsse der Erzieherinnen und Erzieher genutzt, statt die in der Gruppe lebenden Mädchen und Jungen wirklich mitentscheiden zu lassen.

In einigen Einrichtungen gibt es darüber hinaus eine Kinder- und Jugendlichenvertretung, ähnlich einer Schülervertretung oder einem Betriebsrat, die aus Vertreterinnen und Vertretern aller Einrichtungsteile besteht. So etwas ist nur im Bundesland Hessen ausdrücklich vorgesehen, dort heißt diese Vertretung »Heimrat«. Auf jeden Fall ist eine Beteiligung der Kinder und Jugendlichen auch auf Einrichtungsebene durch § 8 des KJHG möglich und erwünscht.

Wie kann solch eine Jugendvertretung aussehen? – Das Beispiel des Sprecherrates im Kinderhaus Berlin-Mark Brandenburg

Das Kinderhaus ist eine große Jugendhilfeeinrichtung, die aus 19 verschiedenen Teilprojekten (verschiedene Wohngruppen, Tagesgruppen usw.) besteht. Obwohl jedes Teilprojekt selbstständig arbeitet, besteht ein großes Interesse für das Wohl und Miteinander der gesamten Gemeinschaft. Jedes Projekt wählt eine Vertreterin oder Vertreter und alle zusammen bilden den Sprecherrat.

Der Sprecherrat entscheidet zum Beispiel über Bauvorhaben mit, ebenso über die Gestaltung der Projekte und den Einsatz von Geldern. Welche Möbel oder welches Spielgerät sollen z. B. angeschafft werden? Auch bei der Einstellung von neuen Mitarbeiterinnen und Mitarbeitern wird der Sprecherrat befragt. Schließlich entscheidet der Sprecherrat über die schwerwiegende Frage, ob ein Jugendlicher die Gruppe oder die Einrichtung verlassen muss. Das kann durchaus geschehen, wenn jemand Gewalt bejaht und Gewalt gegen andere ausübt. Um die Interessen aller Mitbewohner zu erfahren, führt der Sprecherrat anonym alle sechs Monate eine schriftliche Befragung bei allen Kindern und Jugendlichen durch.

Bei den Beratungen des Sprecherrates ist der Leiter des Verbundes dabei. Er erläutert zum Beispiel die geplanten Vorhaben im Personalbereich. Die Leitung ist auf diese Weise für alle anstehenden Fragen der direkte Ansprechpartner. Ob so eine Kinder- und Jugendlichenvertretung funktioniert, hängt sicher davon ab, ob die Erzieherinnen und Erzieher die Arbeit der Vertretung unterstützen und fördern.

Die Adresse des Sprecherrats im Kinderhaus Berlin-Mark Brandenburg findest du auf S. 196.

5.3 Betreutes Einzelwohnen, mobile Betreuung

Im betreuten Einzelwohnen leben junge Menschen allein in einer eigenen Wohnung. Hier ist man also im Wesentlichen für sich selbst verantwortlich. In Abständen kommt eine Betreuerin oder ein Betreuer vorbei, um zu beraten und zu unterstützen. Die Betreuer sind also mobil, daher auch der Name mobile Betreuung. Neben diesen beiden gibt es aber auch noch andere Namen für diese Hilfeform, z. B. »sozialpädagogisch betreutes Wohnen«, »flexible Betreuung« oder auch »Nachbetreuung«.

Rechtliche Grundlage für betreutes Einzelwohnen ist wie bei den Wohngruppen und Heimen der § 34 des Kinder- und Jugendhilfegesetzes (vgl. Kap. 5.2, S. 98). Dort ist mobile Betreuung als »sonstige betreute Wohnform« aufgeführt.

Möglichkeiten der Hilfe nach § 35 des Kinder- und Jugendhilfegesetzes

Manchmal wird mobile Betreuung auch nach § 35 KJHG durchgeführt. Dieser Paragraph fordert die Jugendämter dazu auf, sich für Mädchen und Jungen, für die die üblichen Hilfen nicht geeignet sind, auch mal etwas Besonderes, Ungewöhnliches einfallen zu lassen. Das Kinder- und Jugendhilfegesetz hat ja das Ziel, für jeden Einzelfall eine passende Hilfe möglich zu machen, statt nur zu überlegen, ob nun eine Pflegefamilie oder eine Wohngruppe besser ist.

§

§ 35 KJHG
Intensive sozialpädagogische Einzelbetreuung

Intensive sozialpädagogische Einzelbetreuung soll Jugendlichen gewährt werden, die einer intensiven Unterstützung zur sozialen Integration und zu einer eigenverantwortlichen Lebensführung bedürfen. Die Hilfe ist in der Regel auf längere Zeit angelegt und soll den individuellen Bedürfnissen des Jugendlichen Rechnung tragen.

Neben der sozialpädagogischen Einzelbetreuung sind seit Bestehen des Kinder- und Jugendhilfegesetzes noch ganz andere Formen der Hilfe nach § 35 KJHG entwickelt worden. So hat sich gezeigt, dass manche Mädchen und Jungen sich zumindest vorübergehend nicht auf Erwachsene einlassen können und statt in einer Pflegefamilie oder einer Wohngruppe lieber auf der Straße leben wollen. Der § 35 KJHG bietet die Möglichkeit, diese Jugendlichen trotzdem zu unterstützen, beispielsweise indem sich eine Betreuerin oder ein Betreuer regelmäßig mit ihnen trifft, um ihnen bei praktischen Fragen zu helfen und so das Vertrauen zu Erwachsenen langsam wieder aufzubauen.

Eine weitere Möglichkeit, die der § 35 KJHG bietet, sind die so genannten erlebnispädagogischen Projekte oder Reiseprojekte. Hierbei soll durch einen ganz radikalen Wechsel des Lebensumfelds – beispielsweise durch einen mehrmonatigen Aufenthalt in Südafrika – oder durch besondere Erlebnisse – beispielsweise eine Segelreise – bei den betreffenden Mädchen und Jungen eine Änderung des gewohnten Verhaltens erreicht werden. Reiseprojekte sind dabei z. B. für Jugendliche geeignet, die aus der Drogenszene aussteigen wollen. Erlebnispädagogische Projekte können ganz unterschiedlich aussehen. Einige Mädchen und Jungen werden allein von einer Betreuerin oder einem Betreuer begleitet, es gibt aber auch Gruppen mit mehreren Jugendlichen und Erwachsenen. Meist geht es ins Ausland. Man muss sich mit der fremden Sprache und Kultur auseinander setzen und häufig dort auch zur Schule gehen. Manchmal wird auch gemeinsam an einem Projekt gearbeitet. Wichtig dabei ist, dass es nach dem Reiseprojekt eine Anschlussbetreuung gibt, am besten mit den gleichen Betreuerinnen und Betreuern, sonst wirkt die Hilfe häufig nur kurzfristig.

Mobile Betreuung konkret

Mobile Betreuung hat das Ziel, den Weg in die Selbstständigkeit noch eine Zeit lang zu begleiten. Die Einrichtung, die dich betreut, benennt dazu eine Person, die die mobile Betreuung vorwiegend übernehmen wird und die du meist schon bei den Vorgesprächen kennen lernst. Nur wenn diese Betreuerin oder der Betreuer z. B. wegen Urlaub oder Krankheit längere Zeit verhindert ist, kommt jemand anderes. Deine Betreuerin oder dein Betreuer vereinbart mit dir so genannte Betreuungstermine. Bei diesen Treffen kannst du dich in allen Fragen, die dich beschäftigen, mit deiner Betreuerin oder deinem Betreuer beraten. Es ist wichtig für dich, diese Termine nicht zu verpassen. Wenn dir das öfter passiert, wird das Jugendamt die Hilfe für dich vielleicht beenden, denn du bist verpflichtet, am Erfolg der Hilfe mitzuwirken. Viele Einrichtungen bieten den Jugendlichen und jungen Erwachsenen zusätzlich zu den Betreuungsterminen eine Notruf-Nummer, wo man abends oder am Wochenende anrufen kann, wenn man nicht mehr weiter weiß.

Wie bei allen anderen Hilfen auch muss eine berechtigte Aussicht auf Erfolg der Hilfe bestehen, damit das zuständige Jugendamt mobile Betreuung bewilligen kann. Ein Mindestalter für mobile Betreuung wird im Gesetz jedoch nicht genannt. Weil man bei jüngeren Mädchen und Jungen annimmt, dass sie noch nicht in der Lage sind, ihren Alltag selbstständig zu bewältigen, gibt es nur wenige Jugendliche unter 16 Jahren, die mobil betreut werden. Die meisten sind 18 Jahre alt oder älter.

Wenn du allein wohnst und mobil betreut wirst, musst du in allen Dingen überwiegend für dich selbst sorgen. Dein Betreuer oder deine Betreuerin kann dir zwar in besonderen Situationen – z. B. bei der Renovierung der Wohnung oder wenn du zu einem Amt musst – auch praktisch helfen. Das meiste musst du aber selbst erledigen. Auch wenn du bei einer Sache Hilfe brauchst, bist du selbst dafür verantwortlich, dies deiner Betreuerin oder deinem Betreuer gegenüber anzusprechen.

Die Hausarbeit selbst zu machen wird meist noch relativ einfach zu lernen sein. Wichtiger noch ist es, dass du deine eigenen Ziele aus eigenem Antrieb verfolgst, ohne dich von kurzfristigen Interessen davon abbringen zu lassen. Wenn beispielsweise ein Freund vorbeikommt und mit dir um die Häuser ziehen will, solltest du auch nein sagen können, falls du kein Geld mehr dafür hast oder falls du am nächsten Morgen früh zur Arbeit musst. Auch allein zu wohnen ist nicht immer einfach. Manche Jungen und Mädchen haben gar keine Kontakte und sind vollkommen einsam. Andere dagegen haben rund um die Uhr Besuch, so genannte Freunde und Bekannte nisten sich in der kleinen Wohnung regelrecht ein, essen den Kühlschrank leer und man hat keinen Moment mehr Ruhe.

Welchen Umfang die mobile Betreuung haben soll, wird in den Hilfeplangesprächen vereinbart. Gemessen wird das in Stunden pro Woche, was nicht wörtlich, sondern als Durchschnitt zu verstehen ist. Bei manchen Mädchen und Jungen sind es nur ein oder zwei Stunden, bei anderen werden 20 Stunden pro Woche oder auch noch mehr angesetzt. Wie viel Betreuung notwendig ist, hängt davon ab, in welchen Lebensbereichen du Hilfe brauchst und wo die Erwartung besteht, dass du allein zurecht kommst. Die Zahl der Stunden, in denen du die Betreuerin oder den Betreuer siehst, verringert sich im Vergleich zu den vereinbarten Wochenstunden evtl. noch um Fahrzeiten und Beratungsaufwand. So können von beispielsweise zehn Stunden wöchentlich noch sieben Stunden bleiben, in denen sich die Betreuerin oder der Betreuer direkt um dich kümmert. Das ist in den Bundesländern unterschiedlich geregelt.

Die Wohnung

Eine mobile Betreuung beginnt meist mit dem Suchen einer Wohnung. Bei den meisten Mädchen und Jungen sind es die ersten eigenen vier Wände. Allerdings können nur Volljährige selbst einen Mietvertrag abschließen. Bei minderjährigen Mädchen und Jungen sind stattdessen die Sorgeberechtigten die eigentlichen Mieter. Manchmal wird diese Wohnung vom jeweiligen Träger angemietet und dem jungen Erwachsenen zur Verfügung gestellt. Wenn der Träger solche Wohnungen ständig vorhält, brauchst du dir um die Wohnungssuche keine Gedanken machen, sondern beziehst eine gerade frei werdende Wohnung, die häufig auch schon komplett ausgestattet ist. Mitsprache bei der Auswahl der Wohnung und bei der Einrichtung hast du dann aber nicht.

Für Mädchen und Jungen, die selbst einen Mietvertrag abschließen, gilt: Die Miete darf eine bestimmte Höhe nicht überschreiten. Das richtet sich häufig nach den Sätzen, die auch das örtliche Sozialamt übernimmt. Manchmal kann es schon schwierig werden, eine geeignete Wohnung zu finden, die dann auch noch bezahlbar sein muss. Auf dem freien Wohnungsmarkt haben Jugendliche und junge Erwachsene geringere Chancen, da die Vermieter die Wohnungen lieber an Leute vermieten, die berufstätig sind und von denen man annimmt, dass sie wenig Lärm und Schäden verursachen. Andererseits kannst du darauf verweisen, dass das Jugendamt die Miete ganz sicher regelmäßig und ohne Probleme überweisen wird. In größeren Städten gibt es Wohnungsgesellschaften, die günstige Wohnungen nach einer Warteliste vergeben. Es ist empfehlenswert, sich frühzeitig in die Listen einzutragen und nach der Wartezeit zu erkundigen.

Viele Wohnungen werden von Maklern vermittelt, weil die Vermieter sich nicht selbst darum kümmern wollen, eine Mieterin oder einen Mieter zu finden. Die Vermittlung lässt sich der Makler mit einer Provision in Höhe von bis zu drei Monatsmieten bezahlen. Da die Jugendämter diese Kosten nicht übernehmen, kommen durch Makler angebotene Wohnungen wohl nur für Mädchen und Jungen in Frage, deren Eltern das Geld bezahlen. Anders ist das bei der Kaution. Die meisten Vermieter verlangen bei Abschluss des Mietvertrags eine Kaution in Höhe von etwa ein bis zwei Monatsmieten, die für Schäden gedacht ist, die möglicherweise an der Wohnung entstehen. Falls nichts kaputt geht, bekommst du die Kaution am Ende der Mietzeit zurück. Viele Jugendämter und auch einige Träger bieten an, die Kaution den betreffenden Mädchen und Jungen als Kredit zur Verfügung zu stellen. Das Geld muss in Raten zurückgezahlt werden und gehört dann am Ende der Mietzeit dir selbst.

Häufig haben die betreffenden Mädchen und Jungen selbst meist wenig Geld für die Einrichtung zur Verfügung. Beim zuständigen Jugendamt kann deshalb eine Beihilfe für Einrichtung und Haushaltsgegenstände beantragt werden. Dieses kann nur eine Starthilfe sein und einen Rechtsanspruch auf eine Einrichtungsbeihilfe gibt es nicht. Es lohnt sich also in jedem Fall, vor dem Umzug in eine eigene Wohnung etwas Geld zu sparen. Andernfalls musst du versuchen, mit dem allernotwendigsten an Ausstattung auszukommen und selber ein wenig zu improvisieren.

Dein Geld

Das zuständige Jugendamt sorgt weiter für deinen Lebensunterhalt, auch wenn du in einer eigenen Wohnung lebst, und so lange du betreut wirst. Das umfasst Miete und Nebenkosten wie Heizung, Müllabfuhr und Wasser, Lebensmittel, Bekleidung und alles andere zum Leben Notwendige. Wenn du eigenes Einkommen hast, gelten aber auch in der mobilen Betreuung die Vorschriften über den Kostenbeitrag (vgl. Kap. 5.2 ab S. 117).

Auf den ersten Blick mag dir das Geld, das du bekommst, sehr viel erscheinen. Das ist verständlich, denn es ist ein Vielfaches des Taschengeldes, das du bislang bekommen hast. Bedenke aber, was jetzt alles von dem Geld bezahlt werden muss. Letztlich wird nur ein kleiner Teil bleiben, über den du wirklich frei verfügen kannst. Viele Mädchen und Jungen haben schon die Erfahrung gemacht, einige Tage ohne Geld auskommen zu müssen.

Miete und Nebenkosten zahlt das Jugendamt in der Regel direkt an den Vermieter. Alles andere geht entweder direkt an dich oder das Geld wird an deine Betreuerinnen und Betreuer überwiesen, die es dann ganz oder in Teilen an dich weitergeben. Du musst lernen, damit zu wirtschaften. Auch den Strom musst du selbst bezahlen. Das ist deshalb wichtig zu erwähnen, weil mit der Jahresabrechnung eine Nachzahlung notwendig werden kann, für die du dann Geld auf dem Konto haben solltest. Solche unerwarteten Ausgaben können schnell zu finanziellen Problemen führen, deshalb ist eine gute Planung notwendig. Deine Betreuerin oder dein Betreuer können dir dabei helfen.

Viele Mädchen und Jungen versuchen, finanzielle Schwierigkeiten zu überbrücken, indem sie sich Geld von Freunden und Bekannten leihen. Das ist aber nur scheinbar eine Lösung, denn das geliehene Geld zurückzuzahlen führt im nächsten Monat zu neuen Geldproblemen. Genauso solltest du vermeiden, etwas auf Raten zu kaufen oder langfristige Verträge abzuschließen, insbesondere wenn du schon volljährig und damit voll geschäftsfähig bist. Langfristige finanzielle Verpflichtungen können dein schmales Budget schnell überlasten. Wenn du doch ein Geldproblem hast, bespreche das rechtzeitig mit deinen Betreuerinnen und Betreuern, bevor es dir über den Kopf wächst.

6. Selbstständig sein – was musst du bedenken?

Du hast in diesem Buch immer wieder festgestellt, dass es eine ganze Reihe von Hilfen gibt, die dir zur Verfügung stehen. Du kannst diese Möglichkeiten nutzen, solange sie für dich nötig und sie für dich sinnvoll sind. Ziel ist, dass du auf eigenen Beinen stehen kannst.

Je älter du wirst, um so wichtiger ist die »Verselbstständigung« für dich. Verselbstständigung heißt, dass du ohne Hilfen eigenständig handeln kannst. Das Erreichen der Volljährigkeit, d. h. der 18. Geburtstag, kann – muss aber nicht – mit dem Erreichen dieses Zieles zusammenfallen.

Selbstständig sein – was du bedenken musst

Wenn also Selbstständigkeit das Ziel ist, so kann Hilfe nur über eine bestimmte Zeit hinweg sinnvoll sein. Das Schwierige ist nun herauszubekommen, wann eine Hilfe zu beenden ist. Die Entscheidung darüber kann einem niemand abnehmen. Sie sollte aber auf jeden Fall möglichst gemeinsam mit allen Beteiligten getroffen werden.

Dabei kann es sehr unterschiedliche Meinungen und Einschätzungen geben. Du musst dich dann mit Eltern, Jugendamt und Erziehern zusammensetzen. Einerseits willst du die Ablösung von den Erwachsenen, andererseits merkst du, wie schwierig diese Schritte sind. Auch als junger Erwachsener bzw. junge Erwachsene ist es gut, wenn du dich immer noch auf Erwachsene verlassen kannst.

Oft werden diese Entscheidungen zum falschen Zeitpunkt getroffen. Dazu zwei Beispiele:

Maik war 18, als er aus dem betreuten Wohnen in die eigene Wohnung wechselte und alle Stricke kappte. Er war in einer Ausbildung und hatte eigentlich gute Ergebnisse dabei erzielt. Doch schon nach drei Monaten war das Lehrverhältnis beendet, da es immer wieder zu erheblichen Bummelschichten gekommen war. Seine Leistungen hatten nachgelassen, ab und zu war er sogar betrunken zur Arbeit erschienen. Später erzählte Maik, dass er sich sehr alleine gefühlt hatte, dass sein Stolz aber verhinderte, sich erneut in irgendeiner Weise um Hilfe zu bemühen.

Manchmal wird die Entscheidung, selbstständig zu sein, auch versäumt und zu spät getroffen:

Irina wollte gar nicht aus der Heimerziehung entlassen werden. Sie war bereits 20 Jahre alt und lebte noch immer in einer Regelgruppe. Wenn es darum ging, für sie eine geeignete Wohnung zu finden, erfand sie unzählige Ausreden, warum sie diese oder jene Wohnung nicht nehmen wollte. Sie drohte damit, ihre gut begonnene Ausbildung abzubrechen. Sie verschlief absichtlich, wenn es darum ging, zu proben, ob sie denn schon eigenständig aufstehen könnte.

Unsicherheit und Rechte haben

Wie lange kann Hilfe dauern?

Eine Hilfe zur Erziehung nach dem KJHG kann in der Regel nur bis zum 21. Lebensjahr gewährt werden. Alle Hilfen, besonders die für junge Volljährige, sollten so gestaltet sein, dass am Ende eine Verselbstständigung möglich ist. Der Weg kann aus der Heimgruppe in eine Jugendwohngemeinschaft oder in betreutes Einzelwohnen gehen. Andere können aus der Heimgruppe oder Pflegefamilie direkt in die eigene Wohnung wechseln. Nicht selten ist es doch das Elternhaus, das dich wieder aufnimmt, wenn dir die Hilfe zur Erziehung nicht mehr geeignet erscheint oder aus einem anderen Grund beendet wird. Die Entscheidungen darüber sollen immer deiner persönlichen Situation angemessen getroffen werden.

Das Jugendamt entscheidet über die Fortführung der Hilfen auf der Grundlage des Hilfeplans. Es liegt also an dir und deiner Beteiligung die Zeit zu begrenzen, in der du Hilfe zur Erziehung benötigst. Vielleicht bist du unsicher, was nun das Richtige für dich ist. Dann kann es auch sinnvoll sein, dass man befristete Probezeiten vereinbart und erst dann endgültig entscheidet.

Dein Recht auf Beteiligung wirkt hier umso stärker, da Entscheidungen über die möglichen Hilfen für deine Verselbstständigung meistens anstehen, wenn du vor deiner Volljährigkeit stehst.

Volljährigkeit

Wichtig ist für dich, dass dein Anspruch auf Hilfen nicht automatisch mit dem Eintritt deiner Volljährigkeit endet. Das ist auch gesetzlich abgesichert:

§

§ 41 Abs. 1 KJHG
Hilfe für junge Volljährige

Einem jungen Volljährigen soll Hilfe für die Persönlichkeitsentwicklung und zu einer eigenverantwortlichen Lebensführung gewährt werden, wenn und solange die Hilfe aufgrund der individuellen Situation des jungen Menschen notwendig ist. Die Hilfe wird in der Regel nur bis zur Vollendung des 21. Lebensjahres gewährt, in begründeten Fällen soll sie für einen begrenzten Zeitraum darüber hinaus fortgesetzt werden.

Neu für dich ist, dass mit der Volljährigkeit nicht mehr deine Sorgeberechtigten die Hilfen für dich beantragen müssen, sondern du selbst! Es kann sinnvoll sein, dass du diesen Antrag schon mit 17 Jahren stellst, um die Fortdauer der zuvor begonnenen Hilfe nicht zu gefährden. Hilfen für junge Volljährige können viele der Hilfen zur Erziehung sein, die wir dir in diesem Buch vorgestellt haben.

Du hast gelesen, dass nach dem Gesetz Hilfen für junge Volljährige bis zum 21. Lebensjahr geleistet werden sollen. Dieses Alter ist aber nur ein Anhaltspunkt.

Häufig taucht ein Problem auf, wenn die Form der Hilfe nicht genau auf deine Wünsche und Bedürfnisse zugeschnitten ist. Deshalb ist es für dich sinnvoll und auch erforderlich, dass du bei den Hilfen mitwirkst und die im Hilfeplan verankerten Ziele verfolgst. Das Jugendamt könnte ohne eine solche »**Mitwirkungsbereitschaft**« auch die Hilfe einstellen. Am besten ist, wenn du selbst konkrete Vorschläge machst, wie eine passende Hilfe aussehen könnte.

Bei der Hilfe für junge Volljährige wird für die Leistungen zur Miete und zum Lebensunterhalt – nicht für die Betreuung – ein **Eigenbeitrag** von dir gefordert, sofern du ein Einkommen hast. D.h., wenn du Ausbildungsbeihilfe beziehst, aber auch wenn du ein Vermögen besitzt, musst du einen Teil davon wieder für diese Leistungen ans Jugendamt abgeben. Lass dir die Berechnung genau erklären, damit du sie verstehst.

Auch nach der Beendigung der Hilfe bleibt dein Recht auf weitere Begleitung, insbesondere Beratung und Unterstützung, durch das Jugendamt bestehen:

§

§ 41 Abs. 4 KJHG
Nachbetreuung

Der junge Volljährige soll auch nach Beendigung der Hilfe bei der Verselbstständigung im notwendigen Umfang weiter beraten und unterstützt werden.

Die eigene Wohnung

Verselbstständigung heißt auch, dass man in die eigenen vier Wände einzieht. Deshalb ist es wichtig, dass du dich dann nach einer Wohnung umschaust und rechtzeitig einen Mietvertrag abschließt.

In manchen Bundesländern werden Zuschüsse für Wohnungseinrichtungen gezahlt. Die Beträge dafür sind je nach Jugendamt unterschiedlich. Die Entscheidung über die tatsächliche Höhe der finanziellen Hilfe trifft letztlich dein zuständiges Jugendamt.

Du kannst auf jeden Fall bei deinem Jugendamt einen Antrag auf Zuschuss zur Wohnungseinrichtung stellen. Besser ist es, wenn du sie dir vorher schon Stück für Stück – auch gebraucht – anschaffst.

Wenn du mit 18 Jahren zum ersten Mal eine Hilfe willst!

Schwieriger kann es werden, wenn du dein Recht auf Hilfen nach dem Jugendhilferecht (z. B. Betreutes Wohnen) in Anspruch nehmen willst, nachdem du bereits 18 Jahre alt geworden bist und dir diese Hilfen vorher noch nicht gewährt worden sind. Dies kann z. B. der Fall sein, wenn du eine Jugendstrafe verbüßt hast und noch eine Betreuung brauchst, um nach der Entlassung allein klar zu kommen und straffrei zu leben.

Viele Jugendämter versuchen dir deinen Antrag abzulehnen und dich auf die Sozialhilfe zu verweisen. Du musst ein Hilfeplangespräch gemäß § 36 des KJHG beantragen und dein Anliegen – am besten zusammen mit der Person bzw. der Einrichtung, die die Hilfe auch durchführen soll oder kann – im Jugendamt deutlich machen.

Zum Hilfeplan lies Kap. 3.5.3 ab S. 63.

Das Jugendamt hat zu prüfen, ob du die Hilfe zu deiner Entwicklung brauchst, ob die Hilfe pädagogisch vertretbar ist und ob eine Erfolgsaussicht für die im Hilfeplan gesetzten Ziele besteht. Es reicht, wenn diese drei Punkte wenigstens im Ansatz bejaht werden können. Dazu gibt es inzwischen mehrere Grundsatzurteile, die den jungen Menschen diese Hilfe zugesprochen haben.

Jugendhilfe vor Sozialhilfe

Wenn du als 18- bis 21-Jähriger auf die Sozialhilfe verwiesen wirst, versuche erst abzuklären, ob nicht doch die Jugendhilfe für dich zuständig ist. Das Gesetz verlangt, dass immer erst das Jugendamt Hilfen erbringt und nur wenn dieses nicht zuständig ist, tritt die Sozialhilfe ein.

Wenn dein Antrag auf Unterstützung vom Jugendamt abgelehnt wird, solltest du dir deine Hilfe und Betreuung am Sozialamt holen. Für Menschen in besonderen Lebenslagen gibt es sehr gute Hilfen, wenn man nicht auf Anhieb ein normales Leben führen kann, d. h. also

- Hilfen beim selbstständigen Wohnen und
- Hilfen bei der Eingliederung ins Arbeitsleben benötigt.

Diese Hilfen werden vom zuständigen Sozialamt gewährt. Das muss keineswegs in einer Einrichtung (also stationär), sondern kann und soll auch in deinen eigenen vier Wänden (also ambulant) erfolgen.

Der § 72 BSHG, begründet den Rechtsanspruch auf Hilfe zur Überwindung besonderer sozialer Schwierigkeiten, die mit besonderen Lebenslagen verbunden sind. Eine Verordnung regelt, was darunter zu verstehen ist:

§

§ 72 BSHG

Besondere Lebensverhältnisse bestehen bei fehlender oder nicht ausreichender Wohnung, bei ungesicherter wirtschaftlicher Lebensgrundlage, bei gewaltgeprägten Lebensumständen, bei Entlassung aus einer geschlossenen Einrichtung oder bei vergleichbaren nachteiligen Lebensumständen. Besondere Lebensverhältnisse können ihre Ursachen in äußeren Umständen oder in der Person der Hilfesuchenden haben.

Insbesondere bei Straffälligkeit, d. h. nach der Entlassung aus der Haft, kann der Anspruch auf diese Hilfe gegeben sein.

Wenn du *schwanger* bist, aber auch wenn du *Vater bzw. Mutter geworden* bist, mit deinem Kind zusammenlebst und noch nicht so recht klarkommst, kannst du – trotz eigener Volljährigkeit – Hilfen vom Jugendamt bekommen.

Lies hierzu auch Kap. 3.1 ab S. 27.

Deine Akte

Nach dem Ende der Hilfe bleibt die Akte beim Jugendamt. Auf deinen Wunsch muss man dir Einsicht in deine Akte gewähren. Diesen Wunsch musst du beim Jugendamt anmelden, dann kannst du dir deine Akte dort anschauen. Es muss auch im Nachhinein möglich sein, Rechtsvorgänge oder finanzielle Leistungen nachweisen zu können. Eine Vernichtung der Akte oder die Löschung der Daten erfolgt, wenn dadurch deine Interessen nicht gefährdet werden. Du hast grundsätzlich das Recht, dir Abschriften oder Kopien deiner Akte zu machen.

Alte Freundschaften

Wie ist es, wenn du deine ehemalige Einrichtung, Heim, Pflegefamilie oder Tagesgruppe besuchen möchtest? Das ist eine Frage, die immer wieder kommt. Viele junge Menschen leben sehr lange in einem Heim oder einer Wohngruppe und es sind Beziehungen entstanden.

Erhalte die Kontakte zu deinen Freunden oder Freundinnen in deiner alten Einrichtung. Es geht immerhin um den Erhalt wichtiger Bindungen, die dir selbstverständlich niemand nehmen will. Oft geht es um mehr als um gelegentliche Besuche, und vor allem dann, wenn deine große Liebe dort lebt und ihr euch so oft es eben geht sehen wollt.

Hier ist einfach der beste Weg, die Dinge bei den Betreuerinnen und Betreuern anzusprechen und eine gute Lösung auszuhandeln.

Noch Schulden? Oder Ansprüche?

Hier gilt immer der Grundsatz, dass Rechte oder Pflichten, die nicht direkt mit den Vorgängen der Unterbringung zu tun haben, nicht berührt werden. Die Frage stellt sich also nur dann, wenn in dem Verhältnis zwischen dir und deiner Einrichtung noch irgendwelche Ansprüche bestehen, du z. B. noch Schulden gegenüber der Einrichtung hast oder die Einrichtung einen Teil deines, noch nicht ausgegebenen, Bekleidungsgeldes hat.

In manchen Einrichtungen hat man sich angewöhnt, nach der Betreuung ein Schriftstück anzufertigen, in dem dann oft die Klausel enthalten ist, dass mit der Entlassung keinerlei Ansprüche mehr vorhanden sind. Das kann den guten Sinn haben, dass man vor dem Verlassen der Einrichtung wirklich alles abprüft, damit nicht hinterher unsinniger Streit entsteht. Andererseits aber werden damit oftmals noch bestehende Unklarheiten auf einfache Weise ad acta gelegt. Aber selbst wenn du solch eine Erklärung unterschrieben hast, bedeutet das nicht den endgültigen Verzicht auf deine berechtigten Ansprüche. Du kannst sie auch im Nachhinein einfordern. Dabei solltest du dich von rechtskundigen Personen beraten lassen.

Pflegschaft und Vormundschaft

Eine Pflegschaft oder Vormundschaft für dich endet grundsätzlich mit deinem 18. Lebensjahr. Damit fallen alle Rechte, die durch den Pfleger oder Vormund ausgeübt wurden, an den jungen Erwachsenen zurück. Befindet sich beispielsweise eine Volljährige dann in einer Jugendwohngemeinschaft, so muss sie nunmehr für die Vorgänge, die sie betreffen, selbstständig eintreten. Der Vormund oder Pfleger können in keiner Weise mehr für ihn rechtsverbindlich handeln.

Wohngeld, BAföG, Sozialhilfe?

Wenn du die Jugendhilfe verlässt, müssen viele Angelegenheiten geklärt sein. Das ist mit viel Laufarbeit und Schreibkram verbunden.

Da ist zum Beispiel dein Wunsch nach der eigenen Wohnung. Bevor du eine Wohnung mietest, solltest du dich beim Wohnungsamt beraten lassen. Lass dir genau sagen, ob du einen Anspruch auf Wohngeld hast und in welcher Höhe der monatliche Mietzuschuss in etwa liegen wird. Und vergiss nicht, einen Antrag auf Wohngeld mitzunehmen. Ein Mietzuschuss setzt voraus, dass du vorher einen Antrag beim Wohngeldamt gestellt hast!

Wenn du in einer schulischen Ausbildung bist oder eine andere weiterführen willst, so hast du einen Anspruch auf Ausbildungsförderung. Lass dich auch hier beraten. Und denk wieder an den Antrag. Lies ihn dir am besten an Ort und Stelle durch, damit du beim Ausfüllen zu Hause keine Fragen hast. Das erspart dir Laufereien. Mit dem Einzug in deine eigene Wohnung musst du deinen Wohnsitz beim Einwohnermeldeamt anmelden. Dazu bist du nach dem Meldegesetz verpflichtet.

Wenn du kein eigenes, ausreichendes Einkommen hast, besitzt du ein Recht auf Sozialhilfe (Hilfe zum Lebensunterhalt). Dies kann auch der Fall sein, wenn deine monatliche Ausbildungsförderung zum Lebensunterhalt nicht ausreicht. Lass dich also in allen Angelegenheiten deiner künftigen Lebensführung beraten. Auf diese Beratungen hast du ein Recht. Und pack die Dinge frühzeitig an, denn einer der häufigsten Gründe für das Scheitern des Überganges aus der Betreuung in die vollständige Selbstständigkeit besteht in den oftmals ungeklärten Voraussetzungen für deine Selbstständigkeit.

Auch ein Wohngeldantrag muss bearbeitet werden. Es wird also kaum möglich sein, dass man ihn stellt und am selben Tag noch das Wohngeld in Empfang nehmen kann. Das führt dazu, dass sehr schnell Mietschulden entstehen. Schulden bringen aber erneut erhebliche Probleme mit sich. Man borgt sich etwas zusammen und macht neue Schulden. Die Sozialhilfe übernimmt grundsätzlich keine Mietschulden!

Rechtzeitige Beratung und Planung machen dir die Sache leichter. Dazu ein Tipp: Nimm dir ein Blatt Papier und mit deiner Betreuerin ausreichend viel Zeit. Schreib dir alle wichtigen Stichworte auf, z. B.

- Wohnungssuche
- Mietvertrag
- Wohngeld, Wohnungsamt
- Einwohnermeldeamt
- Amt für Ausbildungsförderung
- Arbeitsamt
- Unterhaltszahlung der Eltern
- Waisenrente
- Sozialamt

Nicht alle Stichworte kommen für dich in Betracht; andere, für dich wichtige fehlen hier vielleicht. Aber zu jedem Stichwort kann dir deine Betreuerin erste Informationen geben: Welche Unterlagen musst du zur Hand haben, an welche Stellen in deiner Stadt muss du dich wenden, wo findest du sie, wie gehst du am besten vor? Wer kann dir gezielte Beratung geben? Welche Anträge brauchst du? Ach ja, du kannst dich auch von den Rundfunk- und Fernsehgebühren befreien lassen. Natürlich nur mit Antrag.

Und dann fängst du an und arbeitest den Katalog deiner Aufgaben ab. Es sind wichtige Schritte in deine Selbstständigkeit.

Dabei kann dir die kostenlose Broschüre »Sozialhilfe – Ihr gutes Recht« des Bundesministeriums für Gesundheit und soziale Sicherung gut weiterhelfen. Dort findest du alles Wissenswerte über deine Rechte und Möglichkeiten als junger Volljähriger. Das Heft liegt im Sozialamt aus. Du kannst es auch beim Bundesministerium bestellen. Die Adresse findest du auf S. 197.

7. In Stichworten: Deine Rechte, deine Spielräume

In diesem Kapitel geht es um kleine und große Rechtsprobleme, die in deinem Alltag jederzeit auftauchen können. Einige kennst du bestimmt aus eigener Erfahrung. Vielleicht wirst du gleich beim Lesen an manchen Stellen sagen: »Mensch, hätte ich das doch damals gewusst!«

Bei der Lösung von Rechtsproblemen geht es einerseits um die Beantwortung von Rechtsfragen. Aber du hast im Buch schon festgestellt, dass es bei manchen Problemen und Konflikten nicht immer einen passenden Paragraphen gibt. Es gibt auch nicht für alles ein Gesetz. Das heißt andererseits kommt es dann auf dich an, weil du oft Lösungen aushandeln musst.

Es geht also um beides: um das Wissen um deine Rechte und um die Kunst, Konflikte mit allen Beteiligten fair zu lösen.

Arztwahl, ärztliche Versorgung

Wenn du dich ärztlich untersuchen lassen möchtest, kannst du zu einer Ärztin oder einem Arzt deiner Wahl gehen. Für die medizinische Behandlung von Kindern und Jugendlichen, selbstverständlich auch bei einer Operation, ist sowohl die Einwilligung des gesetzlichen Vertreters als auch des Jugendlichen selbst notwendig. Bei 14- bis 18jährigen müssen die Ärzte im Einzelfall prüfen, ob die Jugendlichen die Tragweite ihrer Entscheidung verstehen und einwilligungsfähig sind.

Zu deiner »gesetzlichen« Vertretung lies ab S. 162.

Beteiligungsrechte

Im KJHG heißt es:

§

§ 8 Abs. 1 KJHG

Kinder und Jugendliche sind entsprechend ihrem Entwicklungsstand an allen sie betreffenden Entscheidungen der öffentlichen Jugendhilfe zu beteiligen.

Das heißt, deine Vorstellungen und Meinung müssen bei allen Entscheidungen, die dich betreffen, berücksichtigt werden. Dich zu beteiligen meint nicht nur, dich zu fragen oder dich anzuhören, sondern du kannst aktiv auf die Entscheidung und Gestaltung bzgl. einer Hilfe zur Erziehung Einfluss nehmen. Im Gesetz steht noch, dass du entsprechend deines Entwicklungsstandes beteiligt werden sollst. Das heißt jedes Mädchen oder Junge – egal wie alt – soll nach seinen eigenen Möglichkeiten unterstützt werden, seine Meinung zu äußern. Während kleine Kinder ihre Vorstellungen eher spielerisch ausdrücken, können ältere Kinder und Jugendliche schon besser sagen, was sie wollen. Wenn du deine Meinung und Wünsche äußern willst, müssen diese berücksichtigt werden, auch wenn sie den Vorstellungen der Eltern widersprechen

Lies hierzu auch Kap. 3.5.1, ab S. 56.

Beziehungen, dein Umgang

Minderjährige haben wie Erwachsene ein Recht darauf, Kontakte zu anderen Menschen zu pflegen. Daher kann ein Verbot freundschaftlicher Beziehungen nur gerechtfertigt sein, wenn konkrete Anhaltspunkte für eine körperliche, geistige oder sittliche Gefährdung durch diese Beziehung zu befürchten ist.

Diese Gefährdung muss über das normale Risiko hinausgehen, das jede Lösung von den Eltern durch das Eingehen von neuen Bindungen mit sich bringt (z. B. sexueller Missbrauch, Anstiftung zu kriminellen Handlungen – siehe hierzu Kap. 9 ab S. 176.

Eine Beziehung darf dir also nicht allein deswegen verboten werden, weil die Eltern befürchten, dass du dich damit vom Elternhaus entfernst und dir deine neue Bindung wichtiger ist, oder deshalb, weil deinen Eltern dein Freund oder deine Freundin nicht gefällt.

Brief- und Telefongeheimnis

Auch Minderjährige genießen den verfassungsrechtlichen Schutz des Brief-, Post- und Fernmeldegeheimnisses nach dem Grundgesetz (Artikel 10). Bei Telefongesprächen und Briefen, die du schreibst, sind grundsätzlich keine besonderen Gefahren zu vermuten. Daher besteht normalerweise kein Anlass, die Post, die du verschicken willst, zu öffnen, zu lesen oder zu zensieren, Telefongespräche abzuhören oder gar aufzuzeichnen. Briefe, die du bekommst, dürfen Eltern nur öffnen, wenn ein konkreter Verdacht einer schädlichen Beeinflussung durch den Briefpartner angenommen werden kann.

Datenschutz

Viele in diesem Buch angesprochene Hilfen für Kinder und Jugendliche sind eine ganz wichtige Sache des Vertrauens. Manchmal möchtest du sicher nicht, dass jemand anderes als die von dir ins Vertrauen gezogene Person von deinen Problemen erfährt. Besonders, wenn es um intime Probleme geht, wie z.B. schwere Erkrankungen, sexuellen Missbrauch, Alkohol oder Drogen. Wenn du dich an einen Arzt oder eine Ärztin wendest, kannst du dich auf die ärztliche Schweigepflicht verlassen.

Aber auch mit deiner Sozialpädagogin oder deinem Erzieher ist es wichtig, möglichst offen zu reden. Wenn sie oder er möglichst gut weiß, wo die Konflikte liegen, ist richtige Hilfe viel besser möglich. Und das geht am besten, wenn Vertrauen da ist. »Vertrauen ist gut, Kontrolle ist besser«, das Schlagwort ist dir vielleicht bekannt. Aber das hört sich an, als wäre im Zweifel doch das Misstrauen größer. Viel besser klingt es doch, wenn das Vertrauen durch einen guten Schutz abgesichert ist. Dazu trägt der gesetzliche Datenschutz bei.

Das Kinder- und Jugendhilfegesetz hat diesen besonderen »Sozialdatenschutz« ausdrücklich geregelt. Das liest sich natürlich furchtbar juristisch und arg kompliziert. Aber die Grundsätze lassen sich einfach beschreiben.

1. Persönliche Daten und Informationen dürfen nur für die konkrete Erfüllung einer Hilfe gesammelt werden. Man darf dich also nicht nach »Gott und der Welt« befragen. Vielmehr muss dir der Zweck der Fragen erklärt werden. Wenn du sogar verpflichtet wirst Angaben zu machen, muss dir die rechtliche Grundlage mitgeteilt werden. Ebenso muss klar gesagt werden, ob deine Angaben freiwillig sind und ob du mögliche Nachteile haben kannst, wenn du sie verweigerst.
2. Sozialdaten sind ferner bei dem Betroffenen, also bei deinen Eltern oder bei dir, zu erfragen. Die Daten dürfen nur in Akten festgehalten werden, wenn dies konkret erforderlich ist. Unter Einhaltung bestimmter Voraussetzungen hast du selbstverständlich das Recht, deine Akte einzusehen.
3. Von großer Bedeutung ist die Frage der Weitergabe von Informationen. Hierzu bestimmt das Gesetz eindeutig: Wenn einer Fachkraft wie deiner Sozialpädagogin oder deinem Sozialarbeiter Angaben für persönliche oder erzieherische Hilfen anvertraut wurden, dürfen diese nur in wenigen, ausdrücklich vom Gesetz genannten Fällen weitergegeben werden.
4. Wie wichtig der Schutz des Vertrauens ist, unterstreicht auch das Strafgesetzbuch. Dort ist die Verletzung von Geheimnissen für bestimmte Berufsgruppen unter Strafe gestellt. Nicht nur Ärzten und Rechtsanwälten ist es danach verboten, die ihnen anvertrauten persönlichen Geheimnisse weiterzutragen. Das gilt genauso für Psychologen, Erziehungs- und Jugendberater sowie Sozialarbeitern und Sozialpädagogen.

Geld, eigenes Konto

Jugendliche können mit Einwilligung der Sorgeberechtigten bei einer Bank oder Sparkasse ein eigenes Bankkonto eröffnen oder ein Sparbuch anlegen. Das Antragsformular können Erzieher bzw. Erzieherinnen oder Pflegeeltern in Vertretung der Sorgeberechtigten unterschreiben. Ohne Zustimmung der Sorgeberechtigten und einer familiengerichtlichen Genehmigung ist es jedoch verboten, Kindern und Jugendlichen unter 18 Jahren einen Kredit (z. B. als Kontoüberziehung meist ein so genannter »Dispositionskredit«) einzuräumen. Wenn du bereits regelmäßige Einkünfte hast, handeln Banken bei kurzfristigen

Überziehungen allerdings meist recht großzügig. Falls in diesen Fällen aber Probleme bei der Zurückzahlung auftreten sollten, haftet in der Regel niemand, es sei denn deine Eltern nehmen freiwillig die Schuld auf sich. Die Rechtslage ändert sich ab deinem 18. Geburtstag, dann dürfen dir Banken Kredite einräumen, für diese bist du dann aber auch selbst verantwortlich.

Geschmacksfragen

Du willst gern selbst über dein Aussehen bestimmen, über deine Kleidung, die Frisur, über eine Tätowierung oder Piercing. Du willst allein entscheiden, welche Zeitschriften du liest und was dich im Fernsehen interessiert.

Bei Konflikten gibt es nicht in jedem Fall eine eindeutige Antwort. Auf der einen Seite steht das Sorgerecht deiner Eltern, auf der anderen Seite möchtest du selbst über dich bestimmen. Das elterliche Sorgerecht verleiht den Eltern kein uneingeschränktes Bestimmungsrecht über die Kinder. Die Grenzen werden durch die Rechte der Kinder gezogen.

Bei Konflikten kommt es auf den Entwicklungsstand des betroffenen Mädchens oder Jungen an und ob sie die Folgen der Entscheidung eigenständig beurteilen können. Sind dabei Nachteile oder Schäden zu verneinen und lediglich Geschmacksfragen betroffen, geht die Auffassung der Minderjährigen vor. Für jede Form des Piercings (auch für Ohrlöcher) ist z. B. jedoch in der Regel die Einwilligung der Sorgeberechtigten notwendig (obwohl diese Verpflichtung häufig nicht eingehalten wird).

Wenn die Eltern anderer Meinung als ihre Kinder sind, hat dies keine gesetzlichen Konsequenzen. Die elterliche Einflussnahme auf Kleidung, Aussehen oder Fernsehkonsum ist kein erheblicher Verstoß gegen das Wohl des Kindes. Solche Erziehungskonflikte müssen allein zwischen Eltern und ihren Kindern auf eine für beide Seiten akzeptable Weise gelöst werden. Du hast dabei die Möglichkeit, vom Jugendamt oder von Beratungsstellen betreut und unterstützt zu werden.

Gewalt: Was ist mit Schlägen, körperlicher Gewalt?

Nach dem Grundgesetz haben alle Menschen ein uneingeschränktes Recht auf Leben und körperliche Unversehrtheit. Eine körperliche Bestrafung von Kindern und Jugendlichen durch fremde Personen ist daher verboten und eine strafbare Körperverletzung.

Für Eltern oder andere Sorgeberechtigte gab es jedoch lange kein generelles Züchtigungsverbot. Im November 2000 ist allerdings das lange geforderte »Gesetz zur Ächtung körperlicher Gewalt in der Erziehung« in Kraft getreten. Aufgrund dieses Gesetzes heißt es nun im Bürgerlichen Gesetzbuch:

§ 1631 Abs. 2 BGB

Kinder haben ein Recht auf gewaltfreie Erziehung. Körperliche Bestrafungen, seelische Verletzungen und andere entwürdigende Maßnahmen sind unzulässig.

Mit diesem Gesetz konnte endlich durchgesetzt werden, dass jede Form von Gewalt von Eltern gegen ihre Kinder – streng genommen selbst der Klaps auf den Po – verboten ist.

Ein weiteres gesetzliches Verbot von Schlägen enthält das Jugendarbeitsschutzgesetz. Danach ist Ausbildern die körperliche Bestrafung von Jugendlichen untersagt. Sie müssen vielmehr selbst die Jugendlichen davor und vor Misshandlungen durch andere Beschäftigte schützen. Für Lehrer und andere pädagogische Fachkräfte verbieten schon allein die Dienstordnungen, Kinder und Jugendliche zu schlagen.

Was bedeuten diese Grundsätze nun für dich konkret?

Niemand hat das Recht, dich durch körperliche Gewalt zu bestrafen oder dir – aus welchen Gründen auch immer – körperliche oder seelische Verletzungen zuzufügen. Das gilt auch für deine Eltern, Erzieher, Pflegerinnen oder deinen Vormund. Sollte dieses dennoch passieren, so ist dieses eine Straftat, die gesetzlich verboten ist. Je nach Schwere der Tat können unterschiedliche Strafen verhängt werden.

Mehr zum Thema »Jungen und Mädchen als Opfer in Strafverfahren« lies ab S. 176.

Hausarrest

Kindern und Jugendlichen darf nicht ohne weiteres Hausarrest erteilt werden. Es ist verboten, Kinder und Jugendliche gegen ihren Willen einzusperren.

Zum Stichwort »geschlossene Unterbringung« lies ab S. 105.

Ausgehverbote oder kurzzeitige Hausarreste sind allerdings erlaubt. Wie lange genau ein Hausarrest dauern darf oder wann Ausgehverbote verhängt werden dürfen, ist gesetzlich leider nicht geregelt, sondern richtet sich vor allem nach deinem Alter.

Heiraten macht nicht mündig

Eine pfiffige Idee könnte sein, das elterliche Sorgerecht auszutricksen. Und zwar durch eine frühe Heirat. Der Gedanke liegt ja auch nahe zu meinen, dass dann die jungen Eheleute vom Sorgerecht der jeweiligen Eltern endlich befreit sind und sie nicht bis zum 18. Lebensjahr warten müssen.

Aber so originell diese Überlegung auch ist: Rechtlich geht das so einfach nicht. Zunächst müssen deine Eltern der Heirat zustimmen. Außerdem macht Heiraten nicht mündig oder volljährig. Heiratet ein minderjähriges Mädchen oder ein minderjähriger Junge, wird die elterliche Sorge damit nicht beseitigt, sondern nur eingeschränkt.

Die Eltern haben dann nicht mehr das Recht und die Pflicht, ihre minderjährigen Kinder tatsächlich zu pflegen, zu erziehen oder zu beaufsichtigen. Sie behalten jedoch weiter das Recht zur Vermögenssorge und zur gesetzlichen Vertretung.

Minderjährige Mütter und Väter können nicht die alleinige elterliche Sorge für ihr eigenes Kind ausüben. Für die Vermögenssorge und die gesetzliche Vertretung wird ein Vormund für das Kind eingestellt. Die minderjährigen Eltern erhalten aber das Recht und die Pflicht, ihr Kind tatsächlich zu pflegen, zu erziehen und zu beaufsichtigen.

Recht auf Kenntnis der Herkunft

Jeder Mensch hat das Recht, zu erfahren, wer seine leiblichen Eltern sind. Für viele adoptierte Kinder hat dieses Recht eine besondere Bedeutung. Oft ist die Suche nach der eigenen Herkunft mit Angst und Verunsicherung verbunden. Es ist wichtig zu wissen, dass die Adoptionsvermittlungsstelle deines Jugendamts dich bei deinen Fragen beraten muss, diese Stelle kann dir auch Adressen von Selbsthilfegruppen Adoptierter in deiner Stadt nennen. Wenn du es wünscht, wird die Adoptionsvermittlungsstelle versuchen, einen ersten Kontakt zu deinen leiblichen Eltern herzustellen. Bis du volljährig bist, ist hierzu allerdings das Einverständnis deiner Adoptiveltern nötig. Ab dem 18. Lebensjahr kann dich die Adoptionsvermittlungsstelle jedoch auch gegen den Willen deiner Adoptiveltern bei der Suche nach deinen leiblichen Eltern unterstützen. Das heißt nicht, dass die Behörde jede erdenkliche Nachforschung anstellen muss, um deine Herkunft zu klären. Ab dem Alter von 16 Jahren muss dir aber Einsicht in die Informationen und Akten gestattet werden, die bereits vorliegen.

Weitere Informationen erhältst du bei den Zentralen Adoptionsvermittlungsstellen in jedem Landesjugendamt. Adressen und Homepages der Landesjugendämter unter www.bagljae.de

Informations- und Beratungsrecht

Was kannst du nun tun, wenn es dir nicht gut geht, du Stress hast und alleine nicht mehr klar kommst? Sicherlich wirst du dich erstmal an jemanden wenden den du kennst, zu dem du Vertrauen hast. Wenn der oder die dir jedoch nicht mehr weiterhelfen kann, gibt es in den meisten Städten Beratungsstellen, an die du dich wenden kannst. Kinder und Jugendliche haben aber auch das Recht, sich in allen Angelegenheiten der Erziehung und Entwicklung an das Jugendamt zu wenden (§ 8 Abs. 2 KJHG). Gemeint ist, dass du selber ein Recht hast, dich beim Jugendamt zu informieren und zu beraten lassen. Wenn es eine Not- oder Konfliktlage erfordert, hast du auch das Recht beraten zu werden, ohne dass deine Eltern davon erfahren.

Lies zum »Recht auf Information und Beratung« auch Kap. 3.5.2, ab S. 58.

Pille und andere Formen der Verhütung

Wenn du Fragen zu Verhütung und Sexualität hast oder dir Verhütungsmittel (z. B. die Pille) verschreiben lassen möchtest, kannst du hierfür in eine spezialisierte Beratungsstelle deiner Wahl gehen. Das kann zum Beispiel »Pro Familia« sein. Du kannst aber auch zu deiner Ärztin oder deinem Arzt gehen und dich beraten lassen.

Für eine solche Beratung darf nicht die Einwilligung der Eltern, Pflegeeltern oder Erzieherinnen verlangt werden. Es liegt allein in der Entscheidungsbefugnis der Ärzte bzw. Ärztinnen, ob sie einer jungen Frau ein Rezept für die Pille ausstellen oder zu einem anderen Verhütungsmittel raten. Die ärztliche Schweigepflicht gilt in jedem Fall.

Auch Jungen sollten sich für Verhütung von Schwangerschaften verantwortlich fühlen und können sich über Verhütungsmittel beraten lassen!

Psychiatrie: Einweisung in die Kinder- und Jugendpsychiatrie

Psychische Erkrankungen wie Depressionen, Suchtkrankheiten und Angstgefühle können jede und jeden treffen. Manchmal ist zur Behandlung einer seelischen Erkrankung ein stationärer Aufenthalt in einer Kinder- und Jugendpsychiatrie notwendig. Wenn du dich einverstanden erklärst, kann dein Arzt dich in eine Kinder- und Jugendpsychiatrie überweisen. Vielleicht findest du aber auch, dass ein stationärer Aufenthalt überhaupt nicht nötig ist, dann ist es wichtig zu wissen, dass niemand »einfach so« gegen seinen Willen in eine Psychiatrie eingewiesen werden darf. Die genauen Verfahren bei einer stationären Zwangseinweisung in eine Psychiatrie werden durch die Unterbringungsgesetze der einzelnen Bundesländer geregelt. Es wäre viel zu kompliziert hier auf alle Einzelheiten einzugehen. Wichtig für dich ist, dass du nicht ohne die Anordnung des Familiengerichts in eine Psychiatrie eingewiesen werden darfst. Nur wenn eine sofortige Unterbringung dringend erforderlich und eine gerichtliche Entscheidung nicht rechtzeitig herbeigeführt werden kann, darf eine Ordnungsbehörde (also die Polizei) die Unterbringung anordnen. Nach spätestens zwei Tagen muss jedoch die Anordnung des Familiengerichts vorliegen.

Zum Stichwort »geschlossene Unterbringung« lies auch Kap. 5.2, ab S. 105.

Schule, Ausbildung, Berufswahl

Dir steht ein Mitspracherecht bei allen Entscheidungen über die Wahl deiner Schule, der Ausbildung und deiner Berufswahl zu. Gesetzlich ist festgehalten, dass Eltern hier ganz besonders die Fähigkeiten und Wünsche des Jugendlichen berücksichtigen sollen.

Wer in einem Heim oder einer sonstigen betreuten Wohnform lebt, hat Anspruch auf eine eingehende Berufs- und Bildungsberatung durch die Erzieherinnen und Sozialarbeiter. Du kannst sie auch um Hilfe beim Schreiben von Bewerbungen bitten.

Recht auf Schutz, Recht auf Obhut

Manchmal ist es so, dass Mädchen oder Jungen es »keine Minute« länger zu Hause aushalten, weil sie misshandelt oder bedroht werden oder Probleme, die es schon länger gibt, nicht mehr zu ertragen sind. Wenn du nicht mehr nach Hause kannst oder willst, aber auch nicht weißt wohin, dann kannst du in einem Kinder- und Jugendnotdienst, in einem Krisenhaus oder einer Jugendschutzstelle vorübergehend Unterschlupf und Schutz finden. Solch ein »Angebot in Not« – im Gesetz heißt es »Inobhutnahme« – muss jedes Jugendamt bereitstellen, denn du hast ein Recht auf Obhut (siehe Kap. 3.5.2, ab S. 60). Dieses Recht hast du nicht nur, wenn du Zuhause nicht mehr bleiben kannst oder willst, sondern auch, wenn du es z. B. in einer Wohngruppe oder bei Pflegeeltern nicht mehr aushältst.

Schwangerschaft: Was tun, wenn du schwanger bist?

Wenn ein Mädchen oder eine junge Frau ungewollt schwanger geworden ist, kann sie sich über die Möglichkeiten eines Schwangerschaftsabbruchs beraten lassen. Oft ist es hilfreich, sich zunächst an Eltern, Erzieher oder eine andere Person deines Vertrauens zu wenden. Wenn du aber findest, diese können dir nicht weiter helfen oder du sie einfach nicht ins Vertrauen ziehen möchtest, kannst du dich eigenständig an eine Beratungsstelle wenden. Deine Sorgeberechtigten, die Pflegeeltern und Erzieherinnen dürfen ohne deine Zustimmung nicht über die Beratung informiert werden. Die Ärzte und Berater stehen unter Schweigepflicht.

Wichtig ist zuallererst die möglichst frühzeitige Klarheit darüber, ob du schwanger bist oder nicht. Du kannst dir z. B. einen Schwangerschaftstest in der Apotheke kaufen.

Je früher du Bescheid weißt, um so besser kannst du ohne Zeitdruck überlegen, was du wirklich willst. Aber auch dann solltest du keine Zeit verstreichen lassen, da in der Bundesrepublik ein Abbruch der Schwangerschaft nur innerhalb der ersten 12 Wochen vorgenommen werden kann. Ein Abbruch darf nur vorgenommen werden, wenn du mindestens drei Tage vorher ein Beratungsgespräch in einer anerkannten Schwangerschaftskonfliktberatungsstelle geführt hast. Im Anschluss an das Beratungsgespräch muss dir die Beratungsstelle (sofern du es möchtest) eine Bescheinigung ausstellen, die du benötigst, wenn du einen Abbruch vornehmen lassen willst. Es gibt eine Reihe von Trägern, die solche Beratungsgespräche durchführen und »Beratungsscheine« ausstellen (z. B. ProFamilia, AWO, Diakonisches Werk, Donum Vitae). Auch die Caritas bietet Beratungen an, darf aber keine Beratungsscheine ausstellen.

Will ein junges Mädchen ihr Kind behalten, kann sie rechtlich nicht zu einem Abbruch gezwungen werden, weder von den Eltern noch von ihrem Freund. Allein ihr Wille ist entscheidend. Du wirst wahrscheinlich jedoch Unterstützung bei der Klärung der Frage brauchen, ob Du mit deinem Kind zusammenleben kannst oder willst oder ob Du es aus Verantwortung für dein Kind zur Adoption oder Pflege in eine andere Familie geben willst. Auch hier kannst du dich an eine Beratungsstelle wenden.

Beratungsstellen findest du ab S. 195. Im Internet kannst du unter www.dajeb.de eine Beratungsstelle in deiner Nähe suchen. Zu den Betreuungsmöglichkeiten von jungen Müttern und Vätern mit Kind lies ab S. 104.

Taschengeld

Wenn du in einem Heim, einer Wohngruppe oder Pflegefamilie lebst, hast du zumindest in diesem wichtigen Lebensbereich einen Vorteil gegenüber Jugendlichen, die bei ihren Eltern leben: Du hast einen gesetzlich gesicherten Anspruch auf Taschengeld!

§

§ 39 Abs. 2 KJHG
Leistungen zum Unterhalt

Der gesamte regelmäßig wiederkehrende Bedarf soll durch laufende Leistungen gedeckt werden. Sie umfassen auch einen angemessenen Barbetrag zur persönlichen Verfügung des Kindes oder des Jugendlichen *(hiermit ist dein Taschengeld gemeint)*. Die Höhe des Betrages wird von der nach Landesrecht zuständigen Behörde festgesetzt, die Beträge sollen nach Altersgruppen gestaffelt sein.

Während du in einer Pflegefamilie die Höhe des Taschengeldes aushandeln musst, sind für Heime und Wohngruppen die jeweiligen Taschengeldsätze verbindlich geregelt.

Die Höhe des Taschengeldes kann von Bundesland zu Bundesland unterschiedlich sein. Die meisten Bundesländer haben jedoch Regelungen, die gleiche Taschengeldsätze für alle Heime und Einrichtungen innerhalb des Bundeslandes vorschreiben. Die Höhe des Taschengeldes orientiert sich an deinem Alter.

Du hast selbstverständlich ein Recht, die für dich geltenden Beträge zu erfahren. Frag einfach deine Erzieherinnen oder lass dir eine Taschengeldliste geben, die es in jedem Heim gibt.

Als Beispiel und zu deinem Vergleich monatliche Taschengeldbeträge in Nordrhein-Westfalen und in Thüringen (Stand 1.7.2002):

Tabelle: Monatliche Taschengeldbeträge nach Alter

	NRW	Thüringen
3 Jahre		3,00 EUR
4 Jahre	4,10 EUR	4,00 EUR
5 Jahre	4,10 EUR	5,00 EUR
6 Jahre	8,50 EUR	6,00 EUR
7 Jahre	12,40 EUR	7,00 EUR
8 Jahre	16,80 EUR	8,00 EUR
9 Jahre	21,00 EUR	9,00 EUR
10 Jahre	21,00 EUR	13,00 EUR
11 Jahre	25,20 EUR	16,00 EUR
12 Jahre	29,40 EUR	19,00 EUR
13 Jahre	33,50 EUR	22,00 EUR
14 Jahre	42,10 EUR	28,00 EUR
15 Jahre	46,10 EUR	33,00 EUR
16 Jahre	54,60 EUR	41,00 EUR
17 Jahre	58,60 EUR	52,00 EUR
18 Jahre u. älter	87,90 EUR	52,00 EUR

Dein Taschengeld muss dir als Barbetrag persönlich zur Verfügung gestellt werden. Es ist dir also in Euro und Cent auszuzahlen und nicht in Form von Süßigkeiten oder Spielzeug, wie dies gelegentlich bei jüngeren Kindern geschieht. Du darfst selbst entscheiden, wofür du dein Taschengeld ausgibst; denn es steht dir allein für deine persönlichen Bedürfnisse zu Verfügung.

Dein Taschengeld darf dir nicht aus erzieherischen Gründen gekürzt oder ganz gestrichen werden.

Ausnahmen zum Verbot von Taschengeldkürzungen sind unter Umständen für Schadensregulierung möglich. In einigen Bundesländern dürfen bei gerichtlich festgestellten Schadensansprüchen bis zu 50% deines Taschengeldes dazu herangezogen werden

Lies dazu auch S. 108.

Mehr Informationen zum Taschengeld kannst du auf der Homepage der IGfH (www.igfh.de) erhalten.

Waffen

Grundsätzlich sind Schusswaffen für Kinder und Jugendliche verboten. Dazu gehören auch Schreckschusspistolen. Durch das Waffengesetz wurde schon im Sommer 2002 die Altersgrenze für den Erwerb von Schusswaffen sogar bei Sportschützen von 18 auf 21 Jahre erhöht. Auch Erwachsene brauchen für den Besitz von scharfen Schusswaffen einen Waffenschein. Jeder der beim Kauf einer Waffe jünger als 25 Jahre ist, muss für die so genannte Schusswaffenerlaubnis ein medizinisch-psychologisches Gutachten vorlegen. Seit dem 1. April 2003 muss man auch für den Besitz von Schreckschuss-, Reizstoff- und Signalwaffen (erst ab 18 Jahre möglich) einen so genannten »kleinen Waffenschein« bei den Ordnungsämtern beantragen. Wer nicht im Besitz eines »kleinen Waffenscheins« ist und mit diesen Waffen angetroffen wird, muss damit rechnen, dass er mit einer Freiheitsstrafe von bis zu 3 Jahren oder Geldstrafe bestraft wird.

Bei Jugendlichen ergibt sich ein Problem eher aus dem Besitz von Messern oder Gegenständen, die wie eine Waffe eingesetzt werden könnten (z.B. Stiefel mit Stahlkappen). Neben den schon nach seit 2002 verbotenen Gegenständen (wie z.B. Schlagringen, Stahlruten, Totschlägern, »Molotow-Cocktails«, Schießkugelschreibern, Stockdegen, Gürtelschnallenmessern, Würgehölzern (sogen. Nun-Chakus), Präzisionsschleudern) fallen ab dem 1. April 2003 einige Gegenstände unter die Verbotsvorschriften, die bisher legal zu haben waren und zum Teil recht weit verbreitet waren. Verboten sind nun auch Fallmesser, Springmesser,

Faustmesser, so genannte »Butterfly-Messer«, Wurfsterne, Pump-Guns. Man darf diese Waffen nicht erwerben, nicht in Besitz haben, nicht mitnehmen oder Anderen überlassen. Wer solche Waffen noch besitzt, muss sie spätestens bis zum 31.08.2003 abgeben oder unbrauchbar machen. Danach wird der Besitz oder Erwerb mit Geldstrafe oder Freiheitsstrafe bis zu 3 Jahren bestraft. Dazu kommen noch unterschiedliche Auslegungen in den einzelnen Bundesländern, was als Waffe gilt. Eltern und Erzieherinnen bzw. Erzieher haben das Recht, solche gefährlichen Gegenstände von den Jugendlichen heraus zu verlangen.

Kinderrechte Weltweit: Die UN-Kinderrechtskonvention

Die Vereinten Nationen haben im Jahre 1989 eine Menschenrechtserklärung über die Rechte von Kindern auf der ganzen Welt verabschiedet, die »UN-Kinderrechtskonvention«. Die UN-Konvention hat die Situation vieler bedrohter Kinder kaum verbessert, aber sie ist ein Anfang. Einleitend steht in ihr geschrieben:

§

Artikel 1 UN-Kinderrechtskonvention

Die Vertragsstaaten achten die in diesem Übereinkommen festgelegten Rechte und gewährleisten sie jedem Kind ohne Diskriminierung unabhängig von der Rasse, der Hautfarbe, dem Geschlecht, der Sprache, der Religion, der politischen oder sonstigen Anschauung, der nationalen, ethnischen oder sozialen Herkunft, des Vermögens, einer Behinderung, der Geburt oder des sonstigen Status des Kindes, seiner Eltern oder seines Vormundes.

Außerdem heißt es in Artikel 3:

§

Bei allen Maßnahmen, die Kinder betreffen, gleichviel ob sie von öffentlichen oder privaten Einrichtungen der sozialen Fürsorge, Gerichten, Verwaltungsbehörden oder Gesetzgebungsorganen getroffen werden, ist das Wohl des Kindes vorrangig zu berücksichtigen.

Die UN-Kinderrechtskonvention beschreibt in insgesamt 54 Artikeln die Rechte der Kinder für die folgenden Bereiche:

- für das Recht auf Überleben
- für das Recht auf Entwicklung
- für das Recht auf Schutz
- für das Recht auf Mitbestimmung

Wenn du dich ausführlich mit der Konvention beschäftigen willst, möchten wir dich auf eine Lektüre unterschiedlicher Materialien der UNICEF hinweisen. Die UNICEF hat als das Kinderhilfswerk der Vereinten Nationen z.B. eine »Aktivmappe« mit dem Titel »Wir haben Rechte und nehmen sie auch wahr – Kinderrechte kennen lernen und verwirklichen« veröffentlicht. Die Adresse der UNICEF erfährst du im Anhang auf S. 196.

8. Grundsätzliche Rechte von Eltern, Kindern und Familien

Für das Zusammenleben von Eltern und Kindern gibt es viele gesetzliche Bestimmungen, die in unterschiedlichen Gesetzbüchern aufgeschrieben sind. Die meisten davon stehen im Grundgesetz (GG) und im Bürgerlichen Gesetzbuch (BGB).

Gesetze sind fast immer kompliziert geschrieben. Es ist ziemlich mühsam, diese Gesetze zu lesen und zu verstehen. In diesem Kapitel informieren wir dich über die wichtigsten rechtlichen Grundlagen und erklären, was sie für dich bedeuten. Darüber musst du nämlich Bescheid wissen. Du musst wissen, welche Rechte, Aufgaben und Pflichten Eltern haben und wie sie bei ihren Entscheidungen deine Bedürfnisse und Interessen zu berücksichtigen haben. Es geht ja schließlich um dein Leben und deine Zukunft. Und natürlich auch darum, wie du an wichtigen Entscheidungen zu beteiligen bist.

Elternrechte, Elternpflichten

Die Eltern eines Kindes haben **das Recht und die Pflicht**, für ihr Kind zu sorgen.

Unser Staat geht davon aus, dass Eltern am besten wissen, was für ihre Kinder gut und richtig ist. Deshalb darf sich auch ohne besonders wichtigen Grund kein Gericht und kein Jugendamt in das Zusammenleben von Eltern und Kinder einmischen. Ehe und Familie stehen unter dem ganz besonderen Schutz unseres Grundgesetzes.

❦ Ehe und Familie im Grundgesetz

Das Grundgesetz (GG) ist die wichtigste Grundlage unserer Rechtsordnung. Im Grundgesetz, auch Verfassung genannt, heißen die einzelnen Bestimmungen deshalb auch nicht Paragraphen, sondern »Artikel«. Einer dieser Artikel beschreibt die Grundrechte von Familien, Eltern und Kindern.

§ **Artikel 6 GG**

Ehe und Familie stehen unter dem besonderen Schutz der staatlichen Ordnung.

Pflege und Erziehung sind das natürliche Recht der Eltern und die ihnen zuvörderst obliegende Pflicht. Über ihre Betätigung wacht die staatliche Gemeinschaft.

Das Grundgesetz legt hier das so genannte »Elternrecht« fest. Das grundgesetzliche Elternrecht bedeutet: Pflege und Erziehung der Kinder sind das Recht der Eltern, sie sind keine Angelegenheiten des Staates. Dabei sind die Eltern vor staatlichen Maßnahmen und Eingriffen geschützt.

Wenn du den Artikel noch einmal liest, wird dir aber deutlich, dass das Elternrecht verknüpft ist mit der Verantwortung der Eltern gegenüber ihren Kindern.

Eltern müssen ihr Kind nämlich so erziehen, dass sich das Kind zu einem selbständigen, eigenverantwortlichen Erwachsenen entwickeln kann. Sie dürfen ihrem Kind nicht schaden.

Was heißt schon Familie?

Mädchen und Jungen in unserem Land wachsen in ganz unterschiedlichen Arten von Familien auf. Dass Vater und Mutter miteinander verheiratet sind und zusammen ihre Kinder bis zur Volljährigkeit erziehen, trifft längst nicht mehr für die Mehrzahl aller Kinder zu. Das Aufwachsen mit nur einem Elternteil oder mit einem Stiefelternteil ist schon längst für ganz viele Kinder normal.

Für dich ist wichtig zu wissen, bei wem die elterliche Sorge für dich liegt. Das kann nämlich ganz verschieden geregelt sein.

Bei ehelichen Kindern haben Mutter und Vater immer ein gemeinsames Sorgerecht. Aber auch bei nichtehelichen Kindern kann das Sorgerecht bei beiden Elternteilen gemeinsam liegen. Die gemeinsame elterliche

Sorge kann auch dann noch gegeben sein, wenn sich die verheirateten oder nicht verheirateten Eltern trennen und mit neuen Lebenspartnern zusammenziehen.

Es kann also gut sein, dass du bei deiner Mutter mit Stiefgeschwistern und einem Stiefvater aufwächst und trotzdem dein leiblicher Vater – den du vielleicht gar nicht so oft siehst – an wichtigen Entscheidungen zu beteiligen ist.

Du merkst schon: Du kannst nicht so automatisch davon ausgehen, dass der Elternteil, bei dem du lebst, der »Alleinentscheider« ist, wenn es um wichtige Belange in deinem Leben geht.

Eine ganz besondere Form der Familie ist die Adoptivfamilie. Wenn Adoptiveltern an die Stelle der leiblichen Eltern treten, übernehmen sie in vollem Umfang die elterliche Sorge. Adoptiveltern haben die gleichen Rechte und Pflichten wie leibliche Eltern.

Rechtlich gesehen, sind Adoptivkinder nicht mehr mit ihren leiblichen Eltern verwandt. Hört sich komisch an, ist aber so. Natürlich wollen die meisten Adoptivkinder trotzdem möglichst viel über ihre Herkunftseltern wissen. Sie sollten sich mit ihrem Informationsbedarf von ihren Adoptiveltern und dem Jugendamt unterstützen lassen.

Lies hierzu Kap. 7, S. 146.

Das elterliche Sorgerecht

Im Bürgerlichen Gesetzbuch (BGB) ist genauer beschrieben, welche Rechte und Pflichten Eltern bei der Erziehung ihrer Kinder haben.

Im Gesetz heißt das die »elterliche Sorge«. Du kannst dir die elterliche Sorge wie eine runde Torte vorstellen, die aus ganz vielen Stücken zusammengesetzt ist. Eigentlich sollte man die ganze Torte »Elternverantwortung« nennen, denn in den Paragraphen zur »Elterlichen Sorge« steht genau das, was Eltern alles berücksichtigen und bedenken müssen, damit es ihren Kindern gut geht.

§

§ 1626 Abs. 1 BGB
Elterliche Sorge

Der Vater und die Mutter haben das Recht und die Pflicht, für das minderjährige Kind zu sorgen. (...)
Die elterliche Sorge umfasst die Sorge für die Person des Kindes (Personensorge) und das Vermögen des Kindes (Vermögenssorge).

Die Vermögenssorge spielt in deinem Leben wahrscheinlich keine Rolle. Größere Erbschaften sind nun mal seltene Ausnahme. Dann muss aber selbstverständlich geregelt werden, wie dein Vermögen bis zur Volljährigkeit verwaltet wird.

Alle Eltern und Kinder betrifft aber die Personensorge:

§

§ 1631 BGB
Inhalt des Personensorgerechts

(1) Die Personensorge umfasst insbesondere das Recht und die Pflicht, das Kind zu pflegen, zu erziehen, zu beaufsichtigen und seinen Aufenthalt zu bestimmen.
(2) Kinder haben ein Recht auf gewaltfreie Erziehung. Körperliche Bestrafungen, seelische Verletzungen und andere entwürdigende Erziehungsmaßnahmen sind unzulässig.

- Pflege bedeutet Fürsorge für die Bedürfnisse des Kindes. Dies gilt besonders für Kleinkinder. So müssen die Eltern zum Beispiel für Ernährung und Bekleidung sorgen. Auch die gesundheitliche Fürsorge zählt hierzu.
- Zur Erziehung gehören die Wahl der Schulausbildung und des Berufes, auch die religiöse und Sexualerziehung. Hier spielen viele Alltagsfragen eine Rolle: Dein Taschengeld, wie du dich kleiden möchtest, welche Bücher du lesen, welche Filme und Fernsehsendungen du sehen darfst und und und. Ein wichtiger Punkt der Erziehung kann auch die Frage sein, mit welchen Freundinnen und Freunden du Kontakt haben darfst. Zur Schul- und Berufsausbildung sowie zur religiösen Erziehung gibt es weitere gesetzliche Bestimmungen, die wir dir noch vorstellen werden.

- Die elterliche Aufsichtspflicht soll einmal das Kind selbst vor Schäden bewahren und auch Sorge tragen, dass durch das Kind keinem anderen Schaden zugefügt wird.
- Das Bestimmungsrecht über den Aufenthalt erlaubt den Eltern, das Kind außerhalb des Elternhauses unterzubringen. Das kann zum Beispiel für kürzere Zeit bei Verwandten oder Bekannten geschehen, aber auch längerfristig wie bei der Schulausbildung in einem Internat oder auch in Einrichtungen erzieherischer Hilfen.

Pflege, Erziehung, Aufsicht, Aufenthaltsort und Umgang sind zwar die wichtigsten Bereiche der Personensorge. Umfassend zählen aber alle persönlichen Angelegenheiten des Kindes dazu.

Entwürdigende Erziehungsmaßnahmen

Viele Eltern greifen zu Strafen, wenn das Kind nicht so will, wie es soll. Die Eltern dürfen aber keine Strafen einsetzen, die die Menschenwürde, das Selbstwertgefühl und die körperliche und seelische Gesundheit des Kindes dauerhaft beeinträchtigen können.

Zu solchen nicht erlaubten Erziehungsmaßnahmen gehören zum Beispiel:

- Anbinden und Fesseln
- Schläge
- Einsperren in Kellern oder dunklen Räumen
- Demütigungen und Beleidigungen vor anderen Menschen

Zum Thema Gewalt lies auch ab S. 144.

Probleme und Konflikte in Familien

Wenn Eltern nicht einer Meinung sind

Im Alltag von Familien tauchen immer Meinungsunterschiede und Konflikte auf. Auch Vater und Mutter haben nicht immer die gleichen Ansichten.

§

§ 1627 BGB
Ausübung der elterlichen Sorge

Die Eltern haben die elterliche Sorge in eigener Verantwortung und in gegenseitigem Einvernehmen zum Wohle des Kindes auszuüben.
Bei Meinungsverschiedenheiten müssen sie versuchen, sich zu einigen.

Manchmal können die Meinungsunterschiede von erheblicher Bedeutung für das Kind sein, zum Beispiel, wenn es sich um die Auswahl der Schule oder eine Ferienreise mit gleichaltrigen Jugendlichen ohne Erwachsene und ähnliches handelt. Können sich die Eltern darüber nicht einigen, können Vater oder Mutter beim Familiengericht beantragen, über diesen strittigen Punkt alleine entscheiden zu dürfen. Das Gericht darf nicht anstelle der Eltern entscheiden, kann den Eltern aber Auflagen erteilen, z. B. gemeinsam eine Beratungsstelle aufzusuchen.

Trennung und Scheidung der Eltern

Eltern sollen nach Möglichkeit versuchen, sich auch dann die Verantwortung für ihre Kinder zu teilen, wenn sie ihre Paarbeziehung beenden.

Das Gesetz geht davon aus, dass Eltern nach einer Scheidung Mutter und Vater bleiben. Sie sollen sich einigen, bei wem das Kind lebt, wie oft es den anderen Elternteil sehen kann und sich bei allen anstehenden wichtigen Entscheidungen miteinander bereden. Das klappt leider nicht immer, vor allem dann nicht, wenn der Trennung eine lange Zeit böser Streitereien vorausgegangen ist.Wenn sich Eltern nicht gütlich einigen können, wie es mit ihren Kindern weitergehen soll, dann muss das Familiengericht eingeschaltet werden.

Das Jugendamt hat in diesen Fällen eine Mitwirkungspflicht. Es muss die Eltern in allen Angelegenheiten der elterlichen Sorge bei Trennung und Scheidung beraten. Natürlich wird es zunächst einmal versuchen, mit deinen Eltern einen Kompromiss zu finden, auf den sich beide einlassen können. Wenn das nicht gelingt, wird das Jugendamt in seiner Stellungnahme an das Familiengericht besonders darauf achten, welche Lösung für das Kind geeignet erscheint.

Wenn du schon älter bist als 14 Jahre, kannst du selbst schon sehr viel mitreden, wie es nach einer Trennung deiner Eltern mit dir weitergehen soll. Eine einvernehmliche Entscheidung deiner Eltern über das Sorgerecht kann nämlich nicht so ohne weiteres gegen deinen Willen durchgesetzt werden.

Du siehst: Deine eigene Meinung und deine Bedürfnisse spielen in dieser Auseinandersetzung zwischen deinen Eltern eine wichtige Rolle.

Wie du an diesem Verfahren zu beteiligen bist, kannst du unter »Das gerichtliche Verfahren« ab S. 165 nachlesen.

Umgangsrechte

Unabhängig vom Sorgerecht haben leibliche Elternteile immer ein Recht auf persönliche Kontakte mit ihrem Kind.

Diese Umgangsrechte stehen auch anderen Menschen zu, die zu dir eine enge Beziehung haben. Das können zum Beispiel deine Großeltern, andere Verwandte oder Pflegeeltern sein, bei denen du eine Weile gelebt hast.

Im § 1626 sowie § 1685 BGB ist festgelegt, dass deine Eltern (oder ein Elternteil) nicht willkürlich Bindungen und Beziehungen zu anderen wichtigen Menschen in deinem Leben abschneiden oder behindern dürfen. Dabei kommt es natürlich auch auf dich an: Niemand darf dich zu Kontakten oder Besuchen zwingen, die du selbst gar nicht haben willst.

Konflikte besprechen – Lösungen aushandeln

Grundsätzlich gilt: Eltern dürfen mit ihrem Sorgerecht nicht uneingeschränkt über das Kind bestimmen. Sie können nicht tun, was sie wollen, auch das Sorgerecht hat Grenzen.

§

§ 1626 Abs. 2 BGB
Berücksichtigung der wachsenden Selbständigkeit des Kindes

Bei der Pflege und Erziehung berücksichtigen die Eltern die wachsende Fähigkeit und das wachsende Bedürfnis des Kindes zu selbständigem verantwortungsbewussten Handeln. Sie besprechen mit dem Kind, soweit es nach dem Entwicklungsstand angezeigt ist, Fragen der elterlichen Sorge und streben Einvernehmen an.

Die Eltern müssen berücksichtigen, dass ältere Mädchen und Jungen natürlich ein Recht auf ihre eigene Meinung haben. Je älter ein Kind ist, umso wichtiger wird es, dass die Eltern nicht mehr einseitig bestimmen. Sie sollen Konflikte und Probleme mit ihren Kindern besprechen und solche Lösungen vorschlagen, bei denen sich das Kind als eigenständiger Mensch ernstgenommen und berücksichtigt fühlt.

Dabei ist ganz klar, dass ein Säugling oder Kleinkind nicht so viel selbst beurteilen kann wie ein 12-jähriger Junge oder ein Mädchen mit 16 Jahren.

Gesetzliche Vertretung und Teilmündigkeiten

Die elterliche Sorge für ein Kind umfasst auch dessen **gesetzliche Vertretung**. Kinder und Jugendliche können in eigenen Angelegenheiten nicht rechtswirksam für sich selbst entscheiden. Das gilt vom Grundsatz her bis zur Volljährigkeit und wird daran deutlich, dass Kinder und Jugendliche nicht selbst Verträge unterschreiben dürfen. Für Ausbildungs- und Mietverträge, eine Urlaubsreise oder einen Kaufvertrag brauchen Minderjährige unter 18 Jahren die Unterschrift ihres gesetzlichen Vertreters.

Die Entwicklung von Jungen und Mädchen läuft aber über verschiedene wichtige Etappen ab, in denen auch schon Kindern und Jugendlichen eigene Entscheidungsbefugnisse eingeräumt werden müssen. Selbstverantwortung muss schließlich auch gelernt und eingeübt werden. Das wird auch in unseren Gesetzen deutlich.

Kinder unter sieben Jahren haben rechtlich gesehen keine eigenen Entscheidungsbefugnisse; sie sind nicht geschäftsfähig.

❦ Taschengeld

Ab dem siebten Lebensjahr können Kinder aber bereits über ihr Taschengeld frei verfügen.

§ 110 BGB
»Taschengeldparagraph«

Ein von dem Minderjährigen ohne Zustimmung des gesetzlichen Vertreters abgeschlossener Vertrag gilt als von Anfang an wirksam, wenn der Minderjährige die vertragsgemäße Leistung mit Mitteln bewirkt, die ihm zu diesem Zwecke oder zur freien Verfügung von seinem gesetzlichen Vertreter oder mit seiner Zustimmung von einem Dritten überlassen worden sind.

Die nächste wichtige Entwicklungsstufe ist der 14. Geburtstag:

❦ Religionszugehörigkeit – deine Entscheidung

In Fragen deiner religiösen Erziehung darfst du ab dem 12. Lebensjahr mit entscheiden und ab dem 14. Lebensjahr selbst entscheiden.

§ 5 Gesetz über die religiöse Kindererziehung

Nach der Vollendung des vierzehnten Lebensjahres steht dem Kind die Entscheidung darüber zu, zu welchem religiösen Bekenntnis es sich halten will. Hat das Kind das zwölfte Lebensjahr vollendet, so kann es nicht gegen den Willen seiner Eltern in einem anderen Bekenntnis als bisher erzogen werden.

Du kannst also mit deinem 14. Lebensjahr zum Beispiel allein entscheiden, ob du am Religionsunterricht in der Schule teilnehmen willst. Zur Freiheit, über deine Religion selbst zu bestimmen, gehört auch, keiner Glaubensgemeinschaft angehören zu wollen.

Schule und Beruf

Entscheidungen über Schule, Ausbildung und Arbeit bestimmen dein gesamtes weiteres Leben. Diese Fragen müssen daher sorgfältig überlegt werden.

§

§ 1631 a BGB
Ausbildung und Beruf

In Angelegenheiten der Ausbildung und des Berufes nehmen die Eltern insbesondere auf Eignung und Neigung des Kindes Rücksicht. Bestehen Zweifel, so soll der Rat eines Lehrers oder einer anderen geeigneten Person eingeholt werden.

Nehmen die Eltern offensichtlich keine Rücksicht auf Eignung und Neigung des Kindes und wird dadurch die Besorgnis begründet, dass die Entwicklung des Kindes nachhaltig und schwer beschädigt wird, so entscheidet das Familiengericht.

Das Gericht kann erforderliche Erklärungen der Eltern oder eines Elternteils ersetzen.

Deine Eltern können dich deshalb nicht einfach von der Schule nehmen und als ungelernten Hilfsarbeiter zum Bau schicken, damit Geld ins Haus kommt. Du hast ein Recht auf eine deinen Fähigkeiten und Begabungen entsprechende Schul- und Berufsausbildung.

Zur Not kannst du bei Streitigkeiten mit deinen Eltern über deine berufliche Zukunft das Familiengericht anrufen. Das Gericht wird deine Eltern und dich anhören. Wenn keine Einigung erzielt werden kann, kann das Gericht anstelle der Eltern über deine zukünftige Ausbildung entscheiden.

Das staatliche Wächteramt

Nicht alle Eltern schaffen es, für ihr Kind gut zu sorgen. Ganz besonders schlimm ist es, wenn ein Kind in seiner Familie vernachlässigt, sexuell missbraucht oder misshandelt wird.

Wenn einem Kind innerhalb der Familie Schaden zugefügt wird, muss der Staat im Interesse des Kindes eingreifen. Diese Aufgabe wird »staatliches Wächteramt« genannt.

Dabei bestehen grundsätzlich zwei Möglichkeiten. Die Eltern nehmen eine erzieherische Hilfe des Jugendamtes an, mit der die Situation des Kindes wirksam verbessert wird. Dann braucht kein Gericht einzugreifen.

Möglich ist aber auch, dass das Wohl des Kindes so stark gefährdet ist, dass es nicht in der Familie bleiben kann, ohne dass die Eltern dies verstehen und akzeptieren wollen. In solchen Fällen können die Entscheidungsbefugnisse der Eltern durch das Familiengericht eingeschränkt oder ganz ausgesetzt werden.

§

§ 1666 BGB
Gefährdung des Kindeswohls

Wird das körperliche, geistige oder seelische Wohl des Kindes durch missbräuchliche Ausübung der elterlichen Sorge, durch Vernachlässigung des Kindes, durch unverschuldetes Versagen oder durch das Verhalten eines Dritten gefährdet, so hat das Familiengericht, wenn die Eltern nicht gewillt oder in der Lage sind, die Gefahr abzuwenden, die erforderlichen Maßnahmen zu treffen.

Die meisten Eltern kriegen das mit der Erziehung ihrer Kinder mehr oder weniger gut hin. Streit und Konflikte sind dabei ganz normal und gehören zum Zusammenleben dazu.

Eines aber ist ganz klar: Eltern dürfen ihre Elternrechte nicht missbrauchen. Ist das der Fall, muss ein Gericht eingreifen, um die persönlichen Grundrechte des Kindes – dazu gehört auch das Recht auf Erziehung – zu schützen.

Das gerichtliche Verfahren

Wenn es darum geht, die Rechte von Eltern und Kindern gegeneinander abzuwägen und eine gerichtliche Entscheidung zu treffen, ist immer das Familiengericht zuständig.

Dabei wird das Gericht zumeist auf Veranlassung des Jugendamtes tätig. Minderjährige können sich aber auch selbst an das Familiengericht wenden. Das Gericht muss ihren Hinweisen nachgehen und prüfen, ob es von Amts wegen ein Verfahren einleitet. Das Gericht muss auf jeden Fall dafür sorgen, dass das Kind seine Bedürfnisse tatsächlich äußern kann.

Bei gerichtlichen Auseinandersetzungen um das Sorgerecht soll für das Kind eine Verfahrenspflegerin oder ein Verfahrenspfleger bestellt werden, wenn es zur Wahrnehmung der Interessen erforderlich ist. Dieser Mensch soll in dem gerichtlichen Verfahren die Interessen des Kindes vertreten.

Der oder die Verfahrenspfleger bzw. Verfahrenspflegerin soll wie ein Anwalt Kindern und Jugendlichen in dem Gerichtsverfahren zur Seite stehen und darauf achten, dass deren persönliche Meinungen und Bedürfnisse berücksichtigt werden. Dazu ist ein »guter Draht« zwischen Kind und Verfahrenspfleger ganz wichtig.

Anhörung und Beschwerderecht

Vor einer Entscheidung über die elterliche Sorge hat das Familiengericht nicht nur das Jugendamt und die Eltern zu hören. Auch wenn ein Verfahrenspfleger die Interessen des Kindes im Verfahren wahrnimmt, muss sich das Gericht einen persönlichen Eindruck von dem Kind verschaffen. Das Kind muss persönlich angehört werden. Davon kann das Gericht nur in seltenen Fällen abweichen, zum Beispiel dann, wenn es sich um ein sehr kleines Kind handelt. In § 50b des »Gesetzes über die freiwillige Gerichtsbarkeit« (FGG) steht hierzu:

§

§ 50b FGG

Hat das Kind das vierzehnte Lebensjahr vollendet, so hört das Gericht das Kind stets persönlich an.

Ab dem 14. Lebensjahr können Minderjährige auch selbständig Beschwerde einlegen, wenn sie mit den Entscheidungen des Familiengerichts, die ihre Person betreffen, nicht einverstanden sind. Sie können dies ganz für sich allein entscheiden. Für das Recht zur Beschwerde ist nämlich keine Unterschrift oder Zustimmung des gesetzlichen Vertreters notwendig.

Über dieses für dich wichtige Recht heißt es sinngemäß im Gesetz:

§

§ 59 FGG
Beschwerderecht des Kindes

Ein unter elterlicher Sorge oder unter Vormundschaft stehendes Kind kann in allen seine Person betreffenden Angelegenheiten ohne Mitwirkung seines gesetzlichen Vertreters das Beschwerderecht ausüben.

Diese Vorschrift findet auf Personen, die das vierzehnte Lebensjahr nicht vollendet haben, keine Anwendung.

Vormundschaften und Pflegschaften

Wenn Eltern ihre Erziehungsaufgaben nicht wahrnehmen oder so ausüben, dass sie dem seelischen, körperlichen oder geistigen Wohl ihres Kindes schaden, kann das Gericht den Eltern das Personensorgerecht auch ganz oder zum Teil entziehen. Dieses ist jedoch nur möglich, wenn andere Hilfen und die Unterstützung der Eltern erfolglos geblieben und die Gefahr für das Wohl des Kindes nicht anders abgewendet werden kann.

Das Gericht wird jedoch bei seiner Entscheidung darauf achten, dass die Rechte der Eltern nur so weit eingeschränkt werden, dass eine wirksame Hilfe für das Kind möglich wird. Meist wird für das Mädchen oder den Jungen vom Gericht ein Pfleger oder ein Vormund bestellt, der dann anstelle der Eltern wichtige Entscheidungen für das Kind treffen kann.

Es gibt wichtige Unterschiede zwischen den Aufgabenbereichen eines Vormundes und dem eines Pflegers:

- Ein Pfleger hat nur eingeschränkte Entscheidungsbefugnisse. Viele Mädchen und Jungen in Heimen und Pflegefamilien haben z. B. einen Aufenthaltsbestimmungsrechtspfleger. Dieser Pfleger darf nur

darüber entscheiden, wo das Kind leben soll. Alle anderen Teile der elterlichen Sorge bleiben bei den Eltern.
- Ein Vormund kann für sein Mündel alle wichtigen Entscheidungen treffen. Er übernimmt die gesamte rechtliche Verantwortung für das Kind.

Ein Vormund wird für Kinder und Jugendliche auch dann eingesetzt, wenn die eigenen Eltern sterben oder vorübergehend – weil sie schwer krank sind zum Beispiel – nicht in der Lage sind, das Sorgerecht wahrzunehmen.

Oft werden vom Gericht Mitarbeiter bzw. Mitarbeiterinnen des Jugendamtes zu Vormündern und Pflegern bestellt (Amtsvormund / Amtspfleger). Das Führen von Vormundschaften und Pflegschaften ist eine wichtige »andere Aufgabe« der Jugendämter.

Wenn du einen Vormund hast, solltest du auf einen persönlichen Kontakt zwischen euch beiden achten. Dieser Mensch trifft schließlich die für dich und deine Zukunft wichtigen Entscheidungen.

Amtsvormündern, die sehr viele Mündel zu vertreten haben, gelingt es manchmal nicht, zu allen eine verlässliche und gute Beziehung herzustellen. Deshalb soll das Gericht, wo immer das möglich ist, eine Person als Vormund bestellen, die sich ganz und gar auf die Vormundschaft für ein einziges Kind konzentrieren kann. Du kannst dabei selbst aktiv werden, indem du dem Gericht eine erwachsene Person als Vormund vorschlägst, zu der du Vertrauen hast.

Nach deinem 14. Geburtstag kannst du sogar selbst einen Antrag beim Familiengericht stellen, dass deine Vormundschaft vom Amtsvormund auf eine geeignete Einzelperson übertragen werden soll. Das geht natürlich nur, wenn es jemanden gibt, der die rechtliche Verantwortung für dich übernehmen will.

Mädchen und Jungen in Heimen und Pflegefamilien

Wer entscheidet was?

Wenn du nicht bei deinen Eltern lebst, solltest du dich erkundigen, wie in deinem Fall die elterliche Sorge rechtlich geregelt ist.

Das Personensorgerecht für dich kann liegen

- gemeinsam bei deinen Eltern,
- bei deiner Mutter alleine, wenn sie nicht mit deinem Vater verheiratet ist und deine Eltern keine gemeinsame Sorgeerklärung abgegeben haben,
- bei deiner Mutter oder deinem Vater alleine, wenn das Familiengericht bei einer Trennung oder Scheidung der Eltern einem Elternteil die Personensorge allein übertragen hat,
- bei deinen Adoptiveltern,
- bei deinem Vormund, wenn das Familiengericht deinen Eltern das Sorgerecht entzogen hat
- aufgeteilt zwischen deinen Eltern und einem Pfleger

Eine besondere Regelung besteht für Pflegeeltern und Erziehern in Einrichtungen der erzieherischen Hilfen, also in Heimen, betreutem Wohnen usw. Pflegeeltern oder Erzieher haben die Befugnis, dich in alltäglichen Angelegenheiten rechtlich zu vertreten sowie in »Angelegenheiten des täglichen Lebens« für dich Entscheidungen zu treffen. Im Gesetz heißt es:

§

§ 1688 BGB
Entscheidung der Pflegeperson

Lebt ein Kind für längere Zeit in Familienpflege, so ist die Pflegeperson berechtigt, in Angelegenheiten des täglichen Lebens zu entscheiden sowie den Inhaber der elterlichen Sorge in solchen Angelegenheiten zu vertreten. Sie ist befugt, den Arbeitsverdienst zu verwalten sowie Unterhalts-, Versicherungs-, Versorgungs- und sonstige Sozialleistungen für das Kind geltend zu machen und zu verwalten ...

Zu den »Angelegenheiten des täglichen« Lebens gehören zum Beispiel:

- die Einwilligung zum Eintritt in einen Sportverein,
- die Zustimmung zu einer Klassenfahrt,
- die Unterschrift unter Schulzeugnisse,
- die Einwilligung zu routinemäßigen ärztlichen Untersuchungen oder Behandlungen,
- die Eröffnung eines Bankkontos oder die Anlage eines Sparbuches.

9. Deine Rechte – wenn andere das Sagen haben

9.1 Was machen die Gerichte?

Viele Menschen erschrecken, wenn sie eine gerichtliche Vorladung bekommen. Der bevorstehende Gang zum Gericht ist ungewohnt und bedeutet eine neue Erfahrung. Ganz egal, ob sie als Zeuge aussagen sollen, als Beklagte in einem Zivilprozess erscheinen müssen oder gar in einer Strafsache angeklagt sind. Viele hatten noch keinen Kontakt zu den Gerichten und wünschen sich, das möge auch so bleiben. Aber manchmal ist der Gang zum Gericht nicht zu umgehen.

An vielen Stellen in diesem Buch haben wir auf die Entscheidungsgewalt von Gerichten hingewiesen. Bei allen Fragen um das Sorgerecht haben die **Familiengerichte** eine große Bedeutung. Bei Vormundschafts- und Adoptionssachen ist das **Vormundschaftsgericht** zuständig. Bei Streitigkeiten um die richtige Erziehungshilfe zwischen dir und deinen Eltern einerseits und dem Jugendamt andererseits ist das **Verwaltungsgericht** für die Überprüfung von Entscheidungen zuständig. Vor dem **Jugendgericht** werden die Straftaten von Jugendlichen verhandelt.

Über Aufbau und Wirkungsweise dieser Gerichte wollen wir dich in diesem Kapitel informieren.

Daneben gibt es noch das allgemeine **Zivilgericht**, das **Arbeitsgericht** und das **Sozialgericht**. Das Zivilgericht ist für rechtliche Streitigkeiten zwischen Privatpersonen zuständig. Damit kannst du zu tun bekommen, wenn eine andere Person dich auf Schadensersatz verklagt. Vor dem Arbeitsgericht werden Angelegenheiten verhandelt, die mit Rechtsstreitigkeiten um Arbeitsverhältnisse zu tun haben. Auseinandersetzungen um Rentenfragen und Krankenversicherungen werden vor dem Sozialgericht geführt.

Solltest du mit diesen Gerichten zu tun haben, so informiere dich frühzeitig bei einer Beratungsstelle oder einem Rechtsanwalt oder einer Rechtsanwältin. Auch bei den Gerichten selbst kannst du dich beraten lassen.

Das Familiengericht

Das Familiengericht ist eine Abteilung beim Amtsgericht und bearbeitet insbesondere die Fragen, die mit der Ehe, mit der elterlichen Sorge, dem Unterhalt und dem Umgang mit dem Kind zu beantworten sind. Entscheidungen des Familiengerichts, die auch für dich eine große Rolle spielen können, betreffen das »Sorgerecht« und das »Umgangsrecht«, aber auch den Unterhalt. Das Familiengericht entscheidet auch darüber, welche Maßnahmen zum Schutz eines Kindes getroffen werden müssen, wenn es um Misshandlung, Missbrauch oder Vernachlässigung von Kindern und Jugendlichen geht.

Sorgerecht

Das Sorgerecht betrifft die Frage, wer von deinen Eltern künftig deine Erziehung bestimmt. Bei Scheidung und Trennung können die Eltern das gemeinsame Sorgerecht behalten. Wenn ein oder beide Elternteile dieses nicht wollen, können sie beim Familiengericht das alleinige Sorgerecht beantragen. Normalerweise üben verheiratete Eltern das Sorgerecht gemeinsam aus. Das geht auch, wenn sie nicht verheiratet sind und eine gemeinsame Sorgerechtserklärung beim Jugendamt abgegeben haben. Wenn nur ein Elternteil das Sorgerecht innehat, bleibt für den anderen Elternteil in der Regel das Recht auf Umgang mit dem Kind. Bei großem Streit der Eltern kann das Familiengericht aber auch einen Vormund bestimmen, der das Sorgerecht ganz oder teilweise ausübt.

Umgangsrecht

Das Gericht kann bei Uneinigkeit der Eltern die Besuchszeiten und die Regeln festlegen, die die Eltern dabei beachten müssen. Nicht nur die Eltern haben ein Recht auf Umgang mit dir, d.h. dass sie dich besuchen, dir schreiben, mit dir reden und etwas unternehmen können. Auch du selbst hast ein eigenes Recht darauf, »Umgang« mit deinen Eltern zu haben, insbesondere auch mit dem Elternteil, der das Sorgerecht nicht ausübt. Ein solches Umgangsrecht ist auch denkbar mit dir nahestehenden Personen, z. B. den Großeltern oder Personen bei denen du aufgewachsen bist, z. B. Pflegeeltern.

Der »Anwalt des Kindes«

Neu ist, dass das Gericht einen Verfahrenspfleger bestellen soll, »soweit dies zur Wahrnehmung seiner Interessen erforderlich ist« (§ 50 FGG); oft wird dieser **Verfahrenspfleger** auch als »Anwalt des Kindes« bezeichnet. Wann ist das für dich wichtig? Das Gesetz nennt die Situationen, wo das »in der Regel« der Fall ist:

1. Wenn das, was deine gesetzlichen Vertreter (das können die Eltern, aber auch deren Vertreter wie z. B. der Vormund sein) für dich vorschlagen, »in erheblichem Gegensatz« zu deinem Interesse

steht. Dabei wird nicht automatisch das was du willst, mit deinem Interesse gleichgesetzt, aber es spielt eine wichtige Rolle.
2. Wenn du, weil sie dir schaden, von deinen Eltern getrennt werden sollst oder ihnen deshalb das Sorgerecht entzogen werden soll.
3. Wenn das Gericht darüber entscheiden soll, ob du von deiner Pflegeperson oder von einem Elternteil oder Umgangsberechtigten weggenommen werden sollst.
4. Wenn es darum geht, dass du in einer geschlossenen Einrichtung untergebracht werden sollst.

Es kann außer den vier genannten auch noch andere Situationen geben, wo es wichtig ist, dass du in einem Verfahren vor dem Familiengericht besser nicht durch deinen Sorgeberechtigten vertreten wirst. Als das Gesetz verabschiedet wurde, wurde das so formuliert:

§

§ 50 FFG

Maßgeblich für die Erforderlichkeit einer eigenen Interessenvertretung für das Kind wird die aus den konkreten Einzelumständen abzuleitende Gefahr sein, dass die Eltern eines Kindes wegen eigener Interessen nicht in der Lage sind, die berechtigten Interessen des Kindes hinreichend wahrzunehmen, dass es aber wegen der Bedeutung des Verfahrens für das Kind einer solchen auch nicht anderweitig – etwa durch Anhörung des Kindes durch das Jugendamt – sichergestellten Interessenwahrnehmung bedarf.

Du solltest beim Jugendamt, aber auch vor Gericht selbst nach deinem »Anwalt des Kindes/Verfahrenspfleger« fragen, wenn eine wichtige Entscheidung vor dem Familiengericht ansteht und du glaubst, dass niemand deine Interessen wirklich vertritt.

Wie gesagt, es geht beim »Anwalt des Kindes« darum, dass das Gericht die richtige Entscheidung treffen kann. In den meisten Fällen werden die Erziehungsentscheidungen von den Eltern allein oder – bei Hilfen zur Erziehung – in Absprache mit dem Jugendamt getroffen und dann gilt das, was an anderen Stellen dieses Buches gesagt wurde.

Lies zu den »Elternrechten« S. 155, zum Hilfeplan S. 63.

Der Richter bzw. die Richterin werden vor einer Entscheidung mit dir persönlich sprechen. Daneben muss der Richter auch deine Eltern anhören; desgleichen hält er Kontakt zu deinem Jugendamt. So sammelt er alle wichtigen Informationen, um seine Entscheidung gut begründen zu können.

Wenn du 14 Jahre alt bist, hast du das Recht der Mitbestimmung. Ohne dich läuft also so gut wie nichts mehr! Das bedeutet nun aber nicht, dass jetzt nur noch in deinem Sinne entschieden werden kann. Wenn du aber meinst, dass gegen deine Interessen entschieden worden ist – etwa, ohne dich vorher anzuhören – kannst du jetzt selbst eine Beschwerde schreiben. Diese ist dann vor dem nächsthöheren Gericht zu verhandeln.

Die nächsthöhere Instanz ist das Oberlandesgericht.

Das Vormundschaftsgericht

Dieses Gericht bearbeitet alle die Fragen, die entstehen, wenn ein Vormund für das Kind bestellt werden soll oder es um die Adoption eines Kindes geht.

Das Vormundschaftsgericht bestellt auch den Vormund und kontrolliert sein Handeln. Diese Aufgaben werden von Rechtspflegern ausgeübt. Der Vormund muss gegenüber dem Gericht Rechenschaft ablegen. Und wenn du mit den Entscheidungen deines Vormundes nicht einverstanden bist, kannst du dich auch an das Vormundschaftsgericht wenden.

Das Verwaltungsgericht

Du wirst dich erinnern: Das Zivilgericht muss immer entscheiden, wenn ein Streit zwischen zwei Privatpersonen nicht anders aus der Welt zu schaffen ist. Es passiert aber auch, dass rechtliche Probleme zwischen einer Privatperson und dem Staat nicht anders als durch ein richterliches Urteil gelöst werden können.

Unser Staat handelt durch Behörden oder Ämter, eben durch die öffentliche Verwaltung. In deiner Stadt- oder Gemeindeverwaltung gibt es neben vielen anderen Ämtern mit bestimmten Zuständigkeiten auch das Wohnungsamt, das Jugendamt oder das Sozialamt. Dort müssen tagtäglich viele Entscheidungen getroffen werden. Mit diesen Entscheidungen sind die betroffenen Menschen nicht immer einverstanden. Es kann z. B. dir und deinen Eltern so gehen, dass eine von euch beantragte Erziehungshilfe vom Jugendamt abgelehnt wird. Oder euch erscheint die bewilligte Hilfe nicht ausreichend. Oder das Sozialamt will das Bekleidungsgeld nicht in der euch zustehenden Höhe anerkennen.

Selbstverständlich müssen diese Entscheidungen notfalls gerichtlich überprüfbar sein. Behörden treffen ihre Entscheidungen deshalb mit einem schriftlichen Bescheid. Ein solcher Bescheid muss dich auf deine Möglichkeiten hinweisen, gegen die Entscheidung vorzugehen. Der Fachausdruck dazu heißt »Rechtsmittelbelehrung«. Das Rechtsmittel ist der so genannte »Widerspruch«, der innerhalb einer bestimmten Frist einzureichen ist. Diese Frist wird ebenfalls in der Rechtsmittelbelehrung genannt. Man kann also gegen den Bescheid des Jugendamtes oder des Sozialamtes Widerspruch einlegen. In diesem Widerspruchsverfahren hat die Behörde dann die Möglichkeit, ihre Entscheidung noch einmal zu überdenken.

Das Widerspruchsverfahren wird mit einem »Widerspruchsbescheid« abgeschlossen. Erst wenn du mit diesem Bescheid nicht einverstanden bist, kommt das Verwaltungsgericht ins Spiel. Dies muss dir auch hier in der Rechtsmittelbelehrung mitgeteilt werden.

Auf zwei Dinge muss dabei besonders geachtet werden: Erstens ist immer darauf zu bestehen, dass ein Bescheid schriftlich erfolgt. Zweitens müssen bei dem Widerspruchsverfahren und der Klage vor dem Verwaltungsgericht bestimmte Fristen eingehalten werden. Diese darf man auf keinen Fall verstreichen lassen.

Das Jugendgericht

Das Jugendgericht muss sich mit dem strafbaren Verhalten von Jugendlichen und Heranwachsenden auseinandersetzen.

Lies hierzu Kap. 9.3.

Je nach der Schwere der Tat entscheidet dann der Jugendrichter als Einzelrichter, das Jugendschöffengericht oder – bei schwerwiegenden Delikten – die Jugendstrafkammer des Landgerichts.

Kinder bis zum 14. Lebensjahr sind strafunmündig. Du kannst deshalb nicht für Taten strafrechtlich zur Verantwortung gezogen werden, die du vor Vollendung deines 13. Lebensjahres begangen hast. Das heißt allerdings nicht, dass die Taten keine Konsequenzen für dich haben können.

Normalerweise ist der Jugendrichter für Jugendliche zuständig, die im Alter zwischen vierzehn und achtzehn Jahren mit dem Strafgesetz in Konflikt geraten. Vielfach ist es dann so, dass sie entwicklungsbedingt das Unrecht ihres Handelns noch nicht klar erkennen können. Der Jugendrichter wird dann gemeinsam mit dem Jugendamt und der Jugendgerichtshilfe überlegen, ob Erziehungsmaßnahmen besser als ein Strafurteil dazu beitragen können, dass du dich künftig straffrei verhältst. Deshalb werden in erster Linie Weisungen für die Lebensführung erteilt. Dazu gehören zum Beispiel die Teilnahme an einem sozialen Training oder gemeinnützige Arbeitsleistungen.

Wichtig ist oftmals auch die Aussprache mit dem geschädigten Opfer (das nennt man auch »Täter-Opfer-Ausgleich«). Du sollst dann erkennen, warum dein Tun für andere schädigend und kränkend ist. Und deine Ausgleichsleistung kann zu einer besseren Verständigung beitragen.

9.2 Mädchen und Jungen als Opfer in Strafverfahren, insbesondere in Fällen sexueller Übergriffe

Viele Mädchen und Jungen müssen erleben, dass an ihnen eine Straftat verübt wird. Das kann ein Diebstahl oder der Raub von Kleidungsstücken in der Schule sein, eine Bedrohung, Erpressung oder Gewalt durch ältere Jungen oder auch Mädchen. Oder sie werden beispielsweise Opfer sexuellen Missbrauchs, einer Vergewaltigung oder körperlichen Misshandlungen durch eine Vertrauensperson. Die können von einmaligen Schlägen auf den Po bis hin zu schlimmsten Gewalttaten reichen. Dabei ist es egal, ob die Tat von Vater, Mutter, Onkel, einem Freund oder einer Bekannten, einem Erzieher in einem Heim, einer Sozialarbeiterin in einer betreuten Wohngemeinschaft oder von einer fremden Person begangen wurde. Niemand darf dich auf eine der genannten Arten verletzen und demütigen. All dies sind Straftaten, die gesetzlich verboten sind. Werden sie dennoch begangen, so können sie angezeigt werden.

Du kannst jede Straftat zur Strafanzeige bringen, musst es aber nicht. Es ist jedoch dein gutes Recht, insbesondere eine gegen dich verübte Straftat anzuzeigen. Niemand darf dir dies verbieten. Da ein Strafverfahren oftmals eine sehr langwierige und anstrengende Sache ist, kann es sinnvoll sein, mit einer Person deines Vertrauens, einer Rechtsanwältin oder einem Rechtsanwalt vorher darüber zu sprechen. Du kannst für erste Informationen auch zu einer Beratungsstelle, z. B. gegen sexuellen Missbrauch gehen oder zur allgemeinen »Opferhilfe«, wenn es die an deinem Wohnort gibt. Auch das Jugendamt ist dafür da, um dir zu helfen – ganz unabhängig davon, ob du eine Strafanzeige machen willst oder nicht. An welche der genannten Stellen du dich auch wendest, du hast stets das Recht, eine Vertrauensperson deiner Wahl mitzunehmen, etwa eine Freundin oder einen Freund. Mit ihr oder ihm kannst du dann über deine Eindrücke sprechen und deine weiteren Schritte, zum Beispiel, ob du eine Strafanzeige erstatten willst, überlegen.

Im Strafgesetzbuch steht, dass je nach Schwere einer Straftat unterschiedlich hohe Strafen von den Gerichten verhängt werden können. Diese reichen von Geldstrafe über Freizeitarbeiten – bei jugendlichen Tätern und Täterinnen – bis hin zu langjährigen Freiheitsstrafen. Eine Straftat ist also schlicht und einfach etwas Verbotenes und wer sie begeht, kann vom Staat dafür bestraft werden.

Jeder beschuldigte Mensch kann aber nur dann bestraft werden, wenn Polizei, Staatsanwaltschaft und Gericht die Straftat bekannt ist und der beschuldigten Person zweifelsfrei eine Schuld nachgewiesen werden kann. Damit das auch möglich ist, haben grundsätzlich alle Menschen unabhängig von ihrem Alter die Möglichkeit, diese Taten anzuzeigen. Häufig gibt es außer den Opfern selbst keine Zeuginnen und Zeugen für die Tat, so dass ein Mädchen oder Junge, die oder der Opfer einer Straftat geworden ist, auch gleichzeitig die wichtigste Zeugin oder der wichtigste Zeuge sein kann. Das macht das Ganze nicht gerade leichter für die Betroffenen. Doch genaue Informationen darüber, was deine Rechte und Pflichten als Zeugin oder Zeuge in einem Strafverfahren sind und wie es abläuft, können dir helfen, dich sicherer zu fühlen und wissend dein Recht einzufordern, eine an dir verübte Straftat öffentlich zu machen und aktiv daran mitzuwirken, dass der Täter oder die Täterin zur Verantwortung gezogen und dir Recht zugesprochen wird.

Wo zeige ich eine zu meinem Nachteil verübte Straftat an?

Jede Person, an der eine Straftat verübt wurde, kann dies einer Polizeidienststelle der Schutz- oder Kriminalpolizei oder der Staatsanwaltschaft mitteilen. Während die Schutzpolizei in den Uniformen überwiegend für die Verhinderung von Straftaten zuständig ist, beschäftigt sich die Kriminalpolizei, die in alltäglicher Kleidung arbeitet, mit bereits begangenen Straftaten. Fast alle Mädchen und Jungen, die eine Straftat anzeigen wollen, gehen zur Polizei. Denn die arbeitet für die Staatsanwaltschaft. Mädchen und Jungen, die zum Beispiel sexuell missbraucht oder misshandelt worden sind, gehen am besten direkt zur Kriminalpolizei, weil dort Beamtinnen und Beamte sitzen, die für das Gespräch (die Vernehmung) mit den Opfern/Verletzten solcher Straftaten besonders geschult sind. Sie haben meist viel Erfahrung in einem einfühlsamen Umgang mit Kindern und Jugendlichen. Du kannst den Polizeiruf 110 anrufen und nach der nächsten Dienststelle und Telefonnummer der Kriminalpolizei fragen. Am besten sagst du gleich, um welche Art von Straftat es geht, dann bekommst du auch eine passende Auskunft über die zuständige Stelle. Dort kannst du anrufen oder gleich hingehen und erzählen, wer dir was angetan hat. Dies zu tun heißt eine »Anzeige zu erstatten«.

Wenn du eine an dir verübte Straftat, wie zum Beispiel eine sexuelle Belästigung, einen Diebstahl oder Misshandlungen anzeigen willst, so kannst du persönlich hingehen, anrufen oder einen Brief schreiben. Die Beamtinnen und Beamte der Polizei dürfen dich nicht aufgrund deines Alters wegschicken, sie müssen dich anhören. Umgekehrt ist es so, dass die Polizei bei einer schweren Straftat wie zum Beispiel sexuellem Missbrauch oder Vergewaltigung zum Ermitteln, also zum Erforschen des Tatvorwurfs verpflichtet ist, sobald sie Kenntnis davon hat, wer einer solchen Straftat verdächtig ist. Dann ist es egal, ob du vielleicht später deine Anzeige zurückziehen willst, denn die Polizei muss weiterarbeiten und versuchen, alles über die Straftat ans Licht zu bringen.

Wenn du jünger als 18 Jahre bist, muss die Polizei deine Erziehungsberechtigten von der Anzeige unterrichten.

Wenn dein Vater, deine Mutter oder eine andere Person bei der du lebst, die Tat verübt hat, dann ist es wichtig, dass du der Polizei sagst, wenn du sofort Hilfe brauchst. Zum Beispiel, weil du dich nicht mehr nach Hause oder ins Heim traust und Angst hast, dass die Straftaten weiter

gehen oder weil du überzeugt bist, dass alles nach der Anzeige noch schlimmer wird. Dann kann die Polizei dich auch in einen Kinder- oder Jugendnotdienst bringen, von wo aus dir weitergeholfen wird.

Lebst du z.B. in einer Einrichtung für Menschen mit Behinderungen oder befindest du dich aufgrund der erlittenen Straftat im Krankenhaus und kannst deshalb nicht alleine zur Polizei gehen, um eine Anzeige zu machen, dann kann auch eine Polizeibeamtin oder ein Beamter zu dir kommen. Am besten ist es, wenn du vorher bei der Polizei anrufst und fragst, was möglich ist. Dabei ist es wichtig, dass du ganz offen sagst, wie deine Situation ist und ob du vor dem Täter oder der Täterin Angst hast.

Muss ich über die Straftat sprechen?

Wenn du Opfer einer Straftat geworden bist, musst du das nicht anzeigen. Wenn eine andere Person die Straftat gegen deinen Willen anzeigt, hast du das Recht, die Aussage zu jedem Zeitpunkt des Strafverfahrens zu verweigern, wenn du mit dem oder der Beschuldigten nah verwandt bist. Auch dann, wenn du vorher schon etwas erzählt hast. Das steht so im Gesetz und gilt für alle Zeuginnen und Zeugen. Es hat keine Folgen für dich, außer der, dass das Strafverfahren vielleicht ganz schnell beendet (eingestellt) wird, weil ohne deine Aussage keine ausreichenden Beweise da sind, um den Täter oder die Täterin zu überführen. Wenn du mit ihm oder ihr nicht nah verwandt bist, dann bist du zur Aussage verpflichtet.

Wie lange nach der Tat kann ich Anzeige erstatten?

Du musst eine Straftat nicht sofort anzeigen. Die Polizei kann sie auch noch verfolgen, wenn sie bereits länger zurückliegt. Es gibt unterschiedliche Fristen dafür. Leichtere Straftaten, z. B. eine Beleidigung, verfolgt die Polizei nur, wenn du dies ausdrücklich wünschst. Dann musst du innerhalb von drei Monaten, nach dem dich jemand beleidigt hat, der Polizei sagen, dass du einen »Strafantrag« stellen willst. Ein Strafantrag ist eine Strafanzeige, bei der du schriftlich versicherst, dass du willst, dass die Tat verfolgt wird. Schwerere Straftaten kann die Polizei aber auch noch verfolgen, wenn du sie erst nach Monaten oder vielleicht sogar Jahren anzeigst. Die Fristen betragen von drei bis ungefähr 15 Jahren nach der Tat. Die Frist für einige Sexualstraftaten beginnt erst mit Vollendung des 18. Lebensjahres zu laufen.

Polizei und Rechtsanwältinnen für den Bereich »Strafrecht und Nebenklage« können dir über die Verjährungsfrist einzelner Taten genau Auskunft geben. Wichtig ist, dass du bei jeder Strafanzeige vorsorglich einen Strafantrag stellst.

Die Vernehmung bei der Polizei

Die (Kriminal-)Polizei hat viel zu tun. Deshalb ist es gut möglich, dass du, wenn du unangemeldet dorthin gehst, zwar kurz angehört, dann aber wieder weg geschickt wirst und erst zu einem späteren Zeitpunkt zur Vernehmung bestellt wirst. Wenn es eilt, lass dich trotzdem nicht abwimmeln! In Notfällen muss die Polizei ganz schnell handeln und tut es in der Regel auch. Dafür braucht sie von dir alle notwendigen Informationen, anhand derer sie auch erkennen kann, dass es sich um einen Notfall handelt. Denn wenn du z. B. körperliche Verletzungsspuren einer Straftat hast, dann müssen sie sofort untersucht, vielleicht sogar fotografiert werden. Das ist dann zwar ein Beweis für deine Verletzung, aber noch nicht dafür, wer dir die Tat zugefügt hat. Doch der Beweis in Form eines Fotos oder eines ärztlichen Untersuchungsberichtes über eine frische Verletzung ist wie ein Puzzlesteinchen in der Gesamtheit der notwendigen Beweise, die die Staatsanwaltschaft und das Gericht später brauchen wird, damit der Täter oder die Täterin sich nicht rausreden kann.

Die Aussage einer Zeugin und eines Zeugen einer Straftat ist unabhängig davon, ob es um eine selbst erlebte Straftat oder um eine beobachtete geht, ebenfalls ein ganz wichtiger Beweis. Deshalb wird eine Beamtin oder ein Beamter der (Kriminal-)Polizei sich ausführlich mit dir über die angezeigte Straftat unterhalten und dir ganz viele Fragen dazu stellen wollen.

Du hast grundsätzlich immer das Recht, dich in deiner Sprache auszudrücken. Wenn deine Muttersprache Türkisch ist und du dich auf Türkisch am besten verständlich machen kannst, muss die Polizei sich darum kümmern, dass du eine Übersetzerin oder einen Übersetzer bekommst. Das Gleiche gilt, wenn du gehörlos bist und eine Gebärdensprachübersetzerin brauchst. Auch dafür muss die Polizei Sorge tragen, denn so schreibt es das Gesetz vor.

Die Fragen, die dir gestellt werden, mögen dir vielleicht komisch vorkommen oder ihre Beantwortung dir unangenehm sein. Doch sei dir gewiss: Jede ehrliche Antwort spricht für dich und erleichtert den Beamtinnen und Beamten die Arbeit. Sie fragen nicht aus reiner Neugier oder um dich in Verlegenheit zu bringen, sondern weil sie alle Informationen als Beweis dafür brauchen, dass eine Straftat auch wirklich passiert ist, damit später niemand zu Unrecht bestraft wird.

Leider kommt es immer wieder vor, dass ein Mädchen oder Junge die Unwahrheit sagt. Entweder absichtlich, um jemandem eins auszuwischen oder auch, um jemanden zu schützen, der tatsächlich eine Straftat begangen hat. Was auch immer dahinter steckt, jede Lüge kann im Strafverfahren ein Chaos auslösen. Ganz besonders für diejenigen, denen wirklich etwas Unrechtes angetan wurde und die vielleicht Sorge haben, dass ihnen nicht geglaubt wird. Da die Beamtinnen und Beamten bei der Straftat nicht dabei waren, müssen sie dich, den Beschuldigten und vielleicht noch andere Personen anhören/vernehmen, die dir erstmal als unbeteiligt oder unwichtig erscheinen. Die Beamtinnen müssen sich von allen Aussagen ein klares Bild machen können und solange nachfragen, bis sie alles richtig verstanden haben.

Du kannst dabei helfen, indem du dir z. B. vor deiner Vernehmung schon aufschreibst, was alles passiert ist. Wichtig sind vor allem die Daten der

Tage, an denen die Tat(en) verübt wurde(n). Doch die sind insbesondere dann nicht leicht zu erinnern, wenn eine Tat schon länger zurück liegt oder viele Taten immer wieder und über einen langen Zeitraum verübt wurden. Jede einzelne Tat muss dem oder der Beschuldigten nachgewiesen werden. Denn natürlich kann ein Gericht später nicht sagen:

»Herr Müller, Fahrer eines Behindertenfahrdienstes, hat Marie an unbestimmt vielen Tagen, die wir nicht kennen, in einer Art und Weise, über die wir nichts gehört haben, sexuell belästigt und wird deshalb zu 2,5 Jahren Freiheitsstrafe verurteilt.« Oder: »Frau Meier, Lehrerin an der Oberwaldschule, hat Achmed irgendwann irgendwohin geschlagen und ihm dann seine Geldbörse entwendet. Wir wissen auch nicht, ob da Geld drin war. Aber wir verurteilen sie trotzdem zu einer Geldstrafe von 2000 Euro.«

Es muss also sehr genau herausgearbeitet werden: wer hat wem, wann, was, wie oft und in welcher Weise angetan?

Im Gegensatz zu dir als Zeugin oder Zeuge einer an dir verübten Straftat, darf der oder die Beschuldigte lügen und hoffen, dabei nicht erwischt zu werden. Denn nach dem Gesetz muss sich niemand selbst durch eine Aussage belasten. Das würde auch für dich gelten, wenn du selbst einer Straftat beschuldigt werden würdest. In diesem Fall ist es aber die Person »auf der anderen Seite«, die das Recht hat zu Lügen und zu Schweigen, ohne Nachteile davon zu haben. Und wenn die Aussage eines Täters gegen deine steht, dann muss die Polizei viele Fragen stellen um heraus zukriegen, wer die Wahrheit sagt, weil sonst kein Gericht jemanden schuldig sprechen darf. Das heißt also nicht, dass dir bei wiederholtem Nachfragen niemand glaubt, sondern viel mehr, dass die Beamtinnen und Beamten sich sehr darum bemühen müssen, die Wahrheit herauszufinden. Dabei stellen sie manchmal auch Fragen, von denen du vielleicht denkst: »Was hat denn *das* damit zu tun?« Du kannst dir erklären lassen, warum eine Frage wichtig ist und auch nachfragen, wenn du eine Frage nicht verstehst. Bei allem gilt für dich als (Opfer-)Zeugin und Zeuge die Regel: Jede wahrheitsgemäße Antwort ist zu deinem Vorteil.

Zeit, eine Rechtsanwältin oder einen Rechtsanwalt zu suchen!

Als Opfer schwerer Straftaten wie sexuellem Missbrauch, Vergewaltigung, schwerer Körperverletzung und einiger anderer Straftaten kannst du dir auf Staatskosten eine Anwältin oder einen Anwalt aussuchen. Er oder sie unterstützt dich im Verfahren und passt auf, dass die besonderen Rechte, die du als Opfer einer Straftat hast, genutzt werden. Anwältinnen können in die Akte sehen, in der alle Protokolle mit den Aussagen, Berichten und Anträgen von Verteidiger oder Verteidigerin des Beschuldigten abgeheftet sind. Das ist deshalb so wichtig, weil du so z. B. Informationen darüber erhältst, wie sich der oder die Beschuldigte verhält: die Tat leugnet, lügt oder vielleicht ein Geständnis ablegen wird. Deine Anwältin oder dein Anwalt kann auch Beweisanträge stellen, damit weitere Personen als Zeugin oder Zeuge gehört werden, die vielleicht etwas von der Tat oder ihren Folgen für dich gemerkt haben. Das stützt dann deine Aussage.

Die Anwältin oder der Anwalt ist für dich in einem Strafverfahren die wichtigste Person an deiner Seite. Deshalb solltest du sie oder ihn so früh wie möglich aufsuchen. Bei Beratungsstellen, die dir die Polizei in deinem Umfeld nennen kann, kannst du dich telefonisch z. B. nach einer Anwältin erkundigen. Beachte aber, dass es viele verschiedene Rechtsgebiete gibt: Mietrecht, Steuerrecht, Familienrecht usw. und Strafrecht. Die Vertretung von Opfern im Strafverfahren heißt »Nebenklage« oder »anwaltlicher Beistand« und ist ein Sondergebiet des Strafrechts. Deshalb solltest du dir eine Anwältin oder einen Anwalt suchen, die oder der sich darin auskennt. Es gibt auch einen Anwaltsuchservice mit der Tel.-Nummer 0180 / 52 54 555 in Deutschland (12 Cent/Minute). Die Juristinnen und Juristen, die dort Auskunft geben, haben sich bei Testanrufen Jugendlicher stets sehr einfühlsam und freundlich verhalten. Wenn du dort dein Anliegen schilderst, erhältst du bis zu drei Namen und Adressen geeigneter Anwälte in deiner Wohnortnähe. Wen immer du dir aussuchst, es ist entscheidend, dass du Vertrauen zu deiner Anwältin oder deinem Anwalt fassen kannst.

Wenn ich durch eine Straftat verletzt wurde und selbst eine andere verübt habe

Wenn du einerseits Opfer einer Straftat wurdest, aber selbst auch eine begangen hast, dann musst du über die von dir begangene Straftat nicht sprechen. Sobald Polizeibeamtinnen, Staatsanwältinnen oder Richter das erkennen, müssen sie dich ihrerseits darauf hinweisen. Ein Beispiel:

Die 14jährige Hilke spricht über den einmaligen sexuellen Missbrauch durch ihren Großvater. Sie erinnert sich deshalb so gut an das Datum der Tat, weil sie an diesem Tag bei Hertie ein T-Shirt geklaut hat und fast erwischt worden wäre. Weil sie mit dem Großvater nah verwandt ist, hat sie das Recht, die Aussage gegen ihn zu verweigern. Aber sie will, dass er bestraft wird und gesagt kriegt, dass er das, was er mit ihr gemacht hat, nicht tun durfte. Deshalb will sie der Polizei alles erzählen. In der Vernehmung fragt die Beamtin, warum sie sich so gut an das Datum des Tages erinnern könne. Hilke gibt an, dass sie an diesem Tag auch im Kaufhaus gewesen sei. Die Beamtin hakt nach, dass ein Kaufhausbesuch doch nichts besonderes sei. Hilke ist es nun ziemlich mulmig zumute. Die Polizeibeamtin setzt an: »Kann das sein, dass du da an dem Tag was geklaut hast?« Hilke fühlt sich in der Zwickmühle zwischen Lüge und Wahrheit. Doch dann entscheidet sie sich für den graden Weg und sagt: »Hm, kann sein, aber da will ich jetzt nichts zu sagen. Die Beamtin fragt weiter: »Kommt das öfter vor, dass du klaust?« und fügt völlig richtig hinzu: »Du musst hier nichts sagen, womit du dich selbst belasten könntest.« Hilke ist das Ganze zwar sehr peinlich, aber sie spürt langsam, worum es in dieser Vernehmung geht und sagt: »Dann will ich nichts mehr dazu sagen.« Die Beamtin hat begriffen, dass Hilke auch in einer äußerst schwierigen Situation bei der Wahrheit geblieben ist und sagt: »O. k., das ist dein gutes Recht. Dann schreibe ich jetzt ins Protokoll, dass du dich so gut an das Datum erinnern kannst, weil du an dem Tag im Kaufhaus warst und dass du deinem Recht entsprechend keine näheren Angaben dazu machen wolltest.« Dann fragt die Beamtin weiter nach Einzelheiten, die sich auf das Verhalten des Großvaters beziehen. Hilke muss zwar jetzt damit leben, dass die Beamtin und später vielleicht auch das Gericht davon ausgehen, dass sie geklaut haben könnte. Doch ist sie trotz der schwierigen Verknüpfung ehrlich gewesen. In der späteren Gerichtsverhandlung hört Hilke ihren Großvater sagen, dass sie sowieso ständig lügen und auch klauen würde. Er hofft, dass das Gericht Hilke nicht glauben wird, wenn das mit dem Diebstahl raus kommt oder sie of-

fensichtlich lügt, weil es ihr peinlich ist. Doch die Richterinnen bewerten Hilkes Aussage am Ende der Gerichtsverhandlung als glaubhaft, weil sie selbst in einer für sie sehr unangenehmen Situation die Wahrheit gesagt hat. Hilkes Großvater wird vom Gericht schuldig gesprochen und verurteilt.

Dieses Beispiel soll dir verdeutlichen, dass es nicht darum geht, als Opfer und Zeugin oder Zeuge in einem Strafverfahren einen moralisch einwandfreien Eindruck zu hinterlassen, sondern, dass die Wahrheit entscheidend ist. Es zeigt auch, dass niemand das Recht hat, dir weh zu tun, auch dann nicht, wenn du dich selbst in einer anderen Sache strafbar gemacht hast. Bei einer solchen Überschneidung kommt es vielmehr darauf an, kurz zu überlegen, wie du die Wahrheit sagen kannst und dich – wie hier – nicht durch einen Diebstahl selbst zu belasten.

Am Ende einer polizeilichen Vernehmung, während der du immer wieder eine Pause machen und auch nachfragen solltest, wenn du etwas nicht verstehst, kannst und solltest du das Vernehmungsprotokoll selbst lesen und unterschreiben. Wenn etwas nicht richtig aufgeschrieben wurde, dann sag es der Beamtin oder dem Beamten. Sie oder er muss es dann verbessern, weil für das weitere Verfahren wichtig ist, dass im Protokoll nur das steht, was du wirklich gesagt und gemeint hast.

Was macht die Staatsanwaltschaft?

Die Polizei gibt die Akte mit allen Beweismitteln nach Abschluss ihrer Ermittlungen an die Staatsanwaltschaft weiter. Die Staatsanwältinnen und Staatsanwälte haben die Aufsicht über das polizeiliche Ermittlungsverfahren und prüfen am Ende, ob die Beweise für das Gericht ausreichen, damit der oder die Beschuldigte später verurteilt werden kann. Dabei müssen sie ebenso wie die Polizei alle Angaben beachten, die den Beschuldigten *ent*lasten wie auch *be*lasten, damit ihnen später niemand vorwerfen kann, dass sie eine Person vorschnell verurteilt haben. Denn jeder Mensch gilt dem Gesetz nach solange als unschuldig, bis ihm ein Gericht das Gegenteil nachgewiesen hat.

Reichen die Beweise nicht aus, dann muss die Staatsanwaltschaft das Verfahren einstellen. In solchen Fällen schreibt sie einen Brief an dich, deine Anwältin, deinen Anwalt oder deine Erziehungsberechtigten, in dem steht, weshalb das Verfahren eingestellt wurde.

Wenn die Staatsanwaltschaft aber davon ausgeht, dass die Beweise für eine Verurteilung ausreichen, dann beantragt sie beim Gericht, dass es zu einer Gerichtsverhandlung (Hauptverhandlung) kommen soll.

Was geschieht bei Gericht?

Je schwerer die Straftat, umso mehr Personen sind später an der Hauptverhandlung, dem Gerichtsprozess, beteiligt.

Wenn die Staatsanwaltschaft die Akte an das zuständige Gericht weitergibt, dann entscheiden die zuständigen Berufsrichterinnen und -richter noch einmal darüber, ob die Beweise für eine Verurteilung ausreichen werden. Wenn sie davon ausgehen, dass eine Verurteilung nicht sehr wahrscheinlich ist, dann werden sie das Verfahren einstellen. Sind sie aber davon überzeugt, dass die Chance für eine Verurteilung sehr hoch ist, dann beschließen sie, dass es eine Hauptverhandlung geben wird und legen einen Termin dafür fest. Bei dieser Entscheidung sind die Richterinnen und Richter an feste Regeln gebunden.

Von der Anzeige bis zur Hauptverhandlung kann es, wenn der oder die Beschuldigte in Untersuchungshaft sitzt, ungefähr zwei bis sieben Monate dauern. Wurde er oder sie nicht in Untersuchungshaft genommen, dann kann es länger dauern, eventuell sogar länger als ein Jahr. Wenn du in der Zwischenzeit nichts hörst, heißt das also nicht, dass das Verfahren deshalb beendet ist.

Wenn eine Hauptverhandlung stattfindet und du als Zeugin oder Zeuge gehört werden sollst, bekommst du eine »Ladung« mit der Post zugestellt. Eine Hauptverhandlung kann einen oder mehrere Tage dauern. Das hängt davon ab, wie umfangreich die Tat war und wie viele Zeuginnen und Zeugen gehört werden müssen. Das hängt wieder davon ab, ob der Beschuldigte, der jetzt »Angeklagter« heißt, die Tat gesteht oder leugnet.

Alle für dich wichtigen Informationen, die die Hauptverhandlung betreffen, erhältst du von deiner Anwältin oder deinem Anwalt: Wie viele Personen werden anwesend sein? Wo soll ich mich hinsetzen? Kann ich eine Pause machen, wenn es länger dauert? Welche Fragen werden mir von wem gestellt? Ist der oder die Angeklagte während meiner Aussage im Gerichtssaal? Welche Urteile sind möglich? Wo kann ich mich im

Gericht aufhalten, wenn ich auf meine Aussage warten muss? Wie kann ich dagegen vorgehen, wenn mir eine Entscheidung nicht gefällt? Wen kann ich zu meiner seelischen Unterstützung mitnehmen?

Raus aus der Opferrolle

Ein Strafverfahren ist kompliziert und oft langwierig. Es endet für die Opfer einer Straftat nicht immer so, wie sie es sich wünschen, weil das Gericht viele Regeln beachten muss und keine Fehler machen darf. Viele Mädchen und Jungen haben jedoch die Erfahrung gemacht, dass sie im Laufe eines Strafverfahrens ihre durch die Tat hervorgerufenen Ohnmachtsgefühle verloren haben, weil sie einen erlaubten Weg gegangen sind, an deren Ende Polizeibeamtinnen, Staatsanwälte und Richterinnen ihnen vermittelt haben: Du hattest Recht damit, die Tat öffentlich zu machen. Jetzt liegt es in unserer Verantwortung, den Täter bzw. die Täterin für die verbotenen Handlungen zur Verantwortung zu ziehen!

Wenn du gut informiert bist, hast du schon viel geschafft, um dich im Strafverfahren sicher fühlen zu können. Es gibt zwei Bücher für jüngere Kinder und für Erzieherinnen in Einrichtungen der Jugendhilfe und eines für Jugendliche und Heranwachsende, um wichtige und hilfreiche Informationen zum Strafverfahren zu erhalten.

Für Kinder, Erzieher und Lehrerinnen in Einrichtungen:

- *Hille, P./Eipper, S./Dannenberg, U.: Klara und der kleine Zwerg. Ein Buch für Kinder, die bei Gericht sind. Raisdorf 1996.*
- *Hille, P./Eipper, S./Dannenberg, U.: Was passiert eigentlich bei Gericht? Raisdorf 1996.*

Von Jugendlichen und Friesa Fastie gemeinsam für Mädchen und junge Frauen erarbeitet, jedoch für Mädchen und Jungen gut verwendbar ist der Ratgeber:

- *»Ich weiß Bescheid«: Sexuelle Gewalt. Rechtsratgeber für Mädchen und Frauen. Wildwasser Berlin e. V. (Hrsg.), 3. Auflage, Ruhnmark 2000.*

Mädchen und Jungen, die den Weg des Strafverfahrens beschreiten, kostet es oft Kraft, ihn durchzuhalten. Doch genauso viele von ihnen sehen am Ende auf den Prozess zurück und stellen fest, dass sie ihr

Selbstbewusstsein und ihre innere Stärke wiedergefunden haben, weil ihnen endlich Recht zugesprochen wurde, nachdem sie sich vielleicht selbst lange Zeit für die an ihnen begangenen Taten schuldig gefühlt haben.

9.3 Wenn du straffällig geworden bist

»Das Auge des Gesetzes wacht!«, heißt es so schön im Volksmund. Gehen wir davon aus, dass du eine Straftat begangen hast. Du bist angezeigt oder auf frischer Tat erwischt worden. Du bist unsicher, wie es nun weitergeht.

Dann gilt, wie so oft im Leben: Lass dich nicht zu kurzschlüssigen Handlungen hinreißen, die alles noch viel schlimmer machen! Am besten ist, du redest mit jemandem, zu dem du Vertrauen hast. Das kann deine Erzieherin sein, aber auch ein anderer Erwachsener, dem du vertraust. Auf jeden Fall wird sich auch eine Sozialarbeiterin oder ein Sozialarbeiter der Jugendgerichtshilfe des Jugendamtes mit dir in Verbindung setzen. Sie kümmern sich um Jugendliche, die Straftaten begangen haben. In schwerwiegenden Fällen, wenn Untersuchungshaft oder eine Haftstrafe drohen, ist natürlich ein Anwalt die richtige Adresse und vom Gesetz in bestimmten Fällen auch vorgeschrieben.

Wonach richtet sich die Strafbarkeit?

Die meisten strafbaren Handlungen sowie die Art und Weise der Bestrafung stehen im Strafgesetzbuch (StGB). Daneben gibt es noch andere Gesetze, die strafbares Verhalten bestimmen. Ein Beispiel dafür ist das Betäubungsmittelgesetz.

Das Strafrecht unterscheidet zwischen Verbrechen und Vergehen. Verbrechen sind schwere Delikte wie Raub oder Totschlag, die mit einer Gefängnisstrafe von mindestens einem Jahr bedroht sind. Ist eine geringere Freiheitsstrafe oder eine Geldstrafe vorgesehen, handelt es sich um ein Vergehen.

Besondere Bestimmungen über die Strafbarkeit von jungen Menschen regelt das **Jugendgerichtsgesetz** (JGG). Danach gilt:

- Kinder bis zum vollendeten vierzehnten Lebensjahr sind nicht straffähig. Gegen sie wird bei einer Straftat kein Gerichtsverfahren eingeleitet.
- Jugendliche (14 bis unter 18 Jahre) werden grundsätzlich nach dem Jugendstrafrecht beurteilt,
- bei Heranwachsenden (18 bis unter 21 Jahre) wird im Einzelfall entschieden, ob Jugend- oder Erwachsenenstrafrecht angewandt wird.

Die Ermittlungen laufen

Meist wird durch die Strafanzeige anderer oder durch die Beobachtungen der Polizei selbst ein Ermittlungsverfahren eingeleitet. Die Polizei arbeitet dann als Hilfsorgan der Staatsanwaltschaft. Für den Umgang mit Kindern und Jugendlichen gibt es für die Polizei eigene Vorschriften. Die Polizei lädt zur Vernehmung vor, erklärt dir, welche Tat dir vorgeworfen wird und klärt über das Recht auf, die Aussage zu verweigern und einen Verteidiger einzuschalten. Deine Personalien musst du in jedem Fall angeben. Bei Minderjährigen sollen die Erziehungsberechtigten durch die Polizei informiert werden. Für dich bedeutet das, dass du immer das Recht hast, eine Person deines Vertrauens heranzuziehen, bevor du etwas aussagst.

Zur Vernehmung durch die Polizei braucht man nicht zu erscheinen. Wenn der Staatsanwalt oder Richter dich vorlädt, musst du hingehen, sonst droht die polizeiliche Vorführung. Allerdings kannst du auch dann die Aussage zur Sache verweigern.

Wenn die Ermittlungen in einer Strafsache laufen, muss man immer genau unterscheiden: Wer soll als Beschuldigter verhört werden, wer soll als Zeuge vernommen werden? Die Unterscheidung zwischen Zeuge und Beschuldigtem ist sehr wichtig. Als Beschuldigter steht dir nämlich das Recht zu, die Aussage zu verweigern. Für Zeugen gilt dies nicht (es sei denn, du bist mit dem Beschuldigten verwandt). Es kann dir nämlich passieren, dass du als Zeuge geladen wirst, du aber tatsächlich als Beschuldigter angesehen wirst. Wenn du in solch eine Situation geraten solltest, kannst du zu allen Fragen die Aussage verweigern, wenn du dich damit selbst belasten würdest. Sämtliche Aussagen werden protokolliert. Lies dir auf alle Fälle das Protokoll durch, bevor du es unterschreibst.

Gegen dich wird Anklage erhoben

Die Ermittlungsunterlagen der Polizei erhält die Staatsanwaltschaft. Sie entscheidet, ob das Verfahren eingestellt oder Anklage erhoben werden soll. Bei einer Einstellung kommt es zu keinem Gerichtsverfahren, es können aber Auflagen an dich erteilt werden wie die Teilnahme an einer Verkehrserziehung, Arbeitsstunden zu leisten oder einen Täter-Opfer-Ausgleich mit dem Geschädigten herbeizuführen.

Wenn der Staatsanwalt das Verfahren nicht einstellt, folgt eine *Anklageschrift*. Sie wird dir und, solange du noch minderjährig bist, deinen Eltern oder deinem gesetzlichen Vertreter zugestellt. Die Anklageschrift geht auch an das zuständige Gericht und an die Jugendgerichtshilfe deines Wohnbezirks.

In der Anklageschrift steht, was dir vorgeworfen wird, gegen welche Gesetzesbestimmungen verstoßen wurde, ob es sich um ein Vergehen oder Verbrechen handelt und welche Beweismittel dafür vorliegen.

Nun ist es höchste Zeit, nicht mehr den Kopf in den Sand zu stecken! Überlege, wen du zu Rate ziehen kannst: Freund, Freundin, Eltern, Lehrer, Sozialarbeiter, Anwalt bzw. Anwältin und Jugendgerichtshilfe. Lass dich auch beraten, welche Möglichkeiten du hast und was passiert, wenn du dich so oder so verhältst.

Die Jugendgerichtshilfe soll dich nicht nur beraten und unterstützen. Sie muss im weiteren Verfahren unbedingt beteiligt werden. Dein Jugendgerichtshelfer kann dem Gericht Anregungen geben, die zu einem frühen Zeitpunkt noch zur Einstellung des Verfahrens führen können. Das bedeutet aber, dass du zur Mitarbeit bereit bist und diese Vorschläge unterstützt. Die Mitarbeiter und Mitarbeiterinnen der Jugendgerichtshilfe werden mit dir darüber sprechen, was sie von dir vor Gericht berichten. Du kannst auch versuchen, dass du den Bericht vorher durchlesen kannst, der über dich vor Gericht gegeben werden soll. Dadurch kannst auch du dich besser auf die Verhandlung vorbereiten. Das ist von besonderer Bedeutung, weil im Jugendstrafverfahren die persönliche Entwicklung, die derzeitige Situation und die Probleme von jungen Menschen viel stärker als bei Erwachsenen berücksichtigt werden müssen. Entsprechend hat der Richter auch mehr Möglichkeiten, erzieherische Weisungen und Auflagen auszusprechen und von einer Jugendstrafe abzusehen.

Ein Haftbefehl liegt vor

Erwischt dich die Polizei bei einer Straftat, kann sie dich vorläufig festnehmen. Das geht nur für einige Stunden. Dann gilt das oben gesagte.

Ist die zu erwartende Strafe sehr hoch, kann mit einem Haftbefehl Untersuchungshaft angeordnet werden. Dazu müssen aber ganz bestimmte Gründe vorliegen:

- Haftgrund Fluchtgefahr: Du hast keinen festen Wohnsitz oder es besteht der Verdacht, dass du abhauen willst.
- Haftgrund Verdunkelungsgefahr: Es besteht der Verdacht, dass du wichtige Beweismittel vernichten willst.
- Haftgrund Wiederholungsgefahr: Es besteht die Gefahr, dass du weitere Straftaten begehen könntest.

Der Haftbefehl wird vom Staatsanwalt beantragt und vom Haftrichter erlassen. Bevor allerdings der Haftbefehl erlassen wird, muss eine haftrichterliche Vorführung stattfinden.

Spätestens jetzt solltest du darauf bestehen, dass ein Sozialarbeiter oder eine Anwältin deiner Wahl hinzugezogen wird. Bei Jugendlichen unter 16 Jahren muss immer ein Rechtsanwalt hinzugezogen werden, bevor der Haftrichter über den Haftantrag entscheidet. Diese Personen können mit dir zusammen versuchen, die Untersuchungshaft zu vermeiden. Das kann z. B. durch besondere Meldeauflagen oder bestimmte Betreuungsformen möglich werden, zu denen du dich bereit erklärst und verpflichtest.

Nach Erlass eines Haftbefehls beginnt die Untersuchungshaft. Du kannst sofort einen Antrag auf Haftprüfung stellen, über den ein anderer Richter innerhalb von zwei Wochen entscheidet. Auch dann noch besteht die Möglichkeit, dass du in einem Jugendheim statt im Gefängnis untergebracht wirst. Hier hängt viel von deinem Verhalten ab und ob du den Richter überzeugen kannst, dass es für deine Entwicklung besser ist, wenn du die Zeit bis zur Hauptverhandlung im Heim statt im Knast verbringst.

Die Hauptverhandlung und was dabei herauskommen kann

Das Strafverfahren kann durch Freispruch, Einstellung mit oder ohne Auflagen oder durch Schuldspruch beendet werden. Über den Ablauf der Hauptverhandlung solltest du dich vorher genauer informieren. Auch darüber, wer vor Gericht mit welchen Aufgaben und Befugnissen anwesend ist.

Noch wichtiger wird für dich sein, was im Urteil herauskommen kann. Die Palette der Möglichkeiten reicht von Weisungen und Auflagen über Verwarnung bis zu Arrest und Jugendstrafe.

Oft geht es entscheidend darum, ob und wie eine Jugendstrafe vermieden werden kann, weil Arbeitsstunden, Betreuungsweisungen oder soziale Trainingskurse als ausreichende Konsequenz auf die Straftat angesehen werden können.

Mit sich und anderen wieder klar kommen

Bist du selbst bereit, den Schaden wieder gutzumachen?

In zahlreichen Gerichtsbezirken gibt es Stellen, die eine Wiedergutmachung zwischen dir und dem Geschädigten organisieren. Dieser »Täter-Opfer-Ausgleich« kann sich positiv auf die Entscheidung des Richters auswirken. Die Jugendgerichtshilfe ist der richtige Ansprechpartner.

Die Straftat lässt sich nicht ungeschehen machen. Aber die Folgen der Tat bei dem Geschädigten oder dem Opfer lassen sich manchmal ganz oder wenigstens teilweise wieder gutmachen. Das geht nur mit deiner Einsicht und Bereitschaft.

Vorbestraft – wer darf das wissen?

Grundsätzlich haben nur Gerichte und Behörden unter bestimmten, gesetzlich geregelten Voraussetzungen bei Jugendlichen das Recht, von einer Vorstrafe Kenntnis zu erlangen. Dieses Wissen müssen sie für sich behalten. Damit könnte die Antwort ganz einfach lauten: Deine Vorstrafe brauchst du niemandem auf die Nase zu binden.

Polizeiliches Führungszeugnis

Oft fragen aber Arbeitgeber oder Vermieter vor dem Abschluss eines Arbeits- oder Mietvertrages: »Sind Sie vorbestraft?« Oder man verlangt von dir die Vorlage eines polizeilichen *Führungszeugnisses.*

Erst einmal ist wichtig zu wissen, ob du im Sinne des Gesetzes überhaupt vorbestraft bist. Wenn der Jugendrichter auf Erziehungsmaßregeln oder so genannte Zuchtmittel entschieden hat, ist das keine Vorstrafe. Nur die Jugendstrafe, also die Freiheitsentziehung in einer Jugendstrafanstalt, gilt in diesem Sinne als Vorstrafe. Aber:

Bei Jugendlichen darf in das Führungszeugnis nicht eingetragen werden:
- eine Verurteilung bis zu zwei Jahren, wenn sie zur Bewährung ausgesetzt ist,
- eine Verurteilung bis zu zwei Jahren, bei der die Strafe zunächst angetreten und der Rest dann zur Bewährung erlassen wurde.

Du kannst dir auf einem einfachen und schnellen Weg selbst die Gewissheit verschaffen, wie dein Führungszeugnis aussieht. Jeder Person ab dem 14. Lebensjahr muss nämlich auf Antrag ein Führungszeugnis erteilt werden. Den Antrag musst du bei deinem Einwohnermeldeamt stellen.

Erziehungsregister

Hat das Jugendgericht anstelle einer Jugendstrafe zum Beispiel auf Erziehungsmaßregeln oder Zuchtmittel wie Jugendarrest entschieden, wird dies im Erziehungsregister festgehalten.

Auskünfte aus dem Erziehungsregister dürfen nur erhalten:

- Strafgerichte und Staatsanwaltschaften sowie Vollzugsbehörden, um sich ein Bild von dem Jugendlichen machen zu können,
- Vormundschaftsgerichte bei Verfahren, die die Personensorge des Jugendlichen betreffen,
- Jugendämter für Erziehungsaufgaben der Jugendhilfe.

Du selbst brauchst niemandem Rechenschaft abzulegen. Auch kann kein Arbeitgeber oder Vermieter von dir verlangen, einen Auszug aus dem Erziehungsregister vorzulegen.

Kinder- und Jugendtelefon

»Die Nummer gegen Kummer«
Hier findest du ein offenes Ohr und bekommst anonym und vertraulich Informationen und Hinweise auf andere Stellen, die dir weiterhelfen können.

Tel. 0800/1110333
(bundesweit und kostenlos)
Mo.–Fr. 14–19 Uhr

Kinderrechtsbeauftragte

Kommission zur Wahrnehmung der Belange der Kinder (Kinderkommission) des Deutschen Bundestages
Deutscher Bundestag
11011 Berlin
Tel. 030/22732948
E-Mail: kinderkommission@bundestag.de

Bayern
Anne Hirschmann
Kinderbeauftragte der SPD-Fraktion im Bayrischen Landtag
Maximilianeum
81627 München
Tel. 089/4126–0 oder 4126–627

Hessen
Kinderpolitische Sprecher der Landtagsfraktionen
Uwe Brückmann (CDU), Sozialpolitischer Sprecher
Karin Hartmann (SPD)
Dorothea Henzler (FDP)
Margaretha Hölldobler-Heumüller (Die Grünen)
Hessischer Landtag
Schloßplatz 1–3
65183 Wiesbaden
Tel. 0611/3500

Saarland
Unterausschuss »Kinder- und Jugendkommission«
des Saarländischen Landtages
Vorsitzende Gisela Rink
Franz-Josef-Röder-Straße 7
66119 Saarbrücken
Tel. 0681/5002–0 oder 5002–217

Sachsen-Anhalt
Kinderbeauftragte der Landesregierung Sachsen-Anhalt
Dr. Ingeborg Brückner
Ministerium für Gesundheit und Soziales des Landes Sachsen-Anhalt
Turmschanzenstraße 25
39114 Magdeburg
Tel. 0391/567–01

Kinderschutzbund

In vielen Städten gibt es Beratungsstellen des Kinderschutzbundes. Du findest sie im Telefonbuch unter Deutscher Kinderschutzbund oder du fragst bei der Bundesgeschäftsstelle:

Deutscher Kinderschutzbund
Bundesverband e. V.
Hinüberstraße 8
30175 Hannover
Tel. 0511/304850
E-Mail: info@dksb.de
www.kinderschutzbund.de

Kinderschutz-Zentren

Bundesarbeitsgemeinschaft für Kinderschutz-Zentren
Geschäftsstelle
Spichernstraße 55
50672 Köln
Tel. 0221/569753
E-Mail: die@kinderschutz-zentren.org
www.kinderschutz-zentren.org

Landesjugendämter / Jugendämter

Die Adressen der einzelnen Landesjugendämter erfährst du bei der

Bundesarbeitsgemeinschaft
der Landesjugendämter (BAGLJÄ)
Landschaftsverband Rheinland
Herrmann-Pünder-Str. 1
50679 Köln
Tel.: 0221/809-0
www.bagljae.de

Die Rufnummer deines örtlichen Jugendamtes findest du im Telefonbuch z. B. unter Stadtverwaltung, Kreisverwaltung, Gemeindeverwaltung oder Landratsamt. Die Jugendämter unterhalten Beratungsstellen für Kinder, Jugendliche und Eltern.

Mitbestimmung in Heimen

Landesheimrat Hessen
Platterstraße 72–78
65193 Wiesbaden
Ansprechpartner:
Birgit Krüger
Tel.: 0611/580334
oder
Ulrich Betz (Berater)
St. Elisabeth Verein e. V.
Hermann-Jacobsohn-Weg 2
35039 Marburg
Tel.: 06421/68255-3 oder
06421/1808-0

Landesheimrat Thüringen
Fr. Meng
c/o Landesamt für Soziales und Familie, Thüringen
Abt. 5 – Landesjugendamt –
Außenstelle Erfurt
Lindenbacher Weg 30
99099 Erfurt
Tel. 0361/3788-412
E-Mail: AMeng@lasfef.thueringen.de

Kinderhaus Berlin-Mark Brandenburg
Sprecherrat
Neustrelitzer Straße 57
13055 Berlin
Tel. 030/97101812620

Sexualberatung

Pro Familia, Deutsche Gesellschaft für Familienplanung, Sexualpädagogik und Sexualberatung e. V.
Bundesverband
Stresemannallee 3
60596 Frankfurt
Tel. 069/639002
www.profamilia.de

In vielen Städten gibt es Jugendsprechstunden von Pro Familia.

Sexuelle Gewalt und Missbrauch

Die Vereine »Wildwasser« (www.wildwasser.de) und »Zartbitter« (www.zartbitter.de) haben in vielen Städten Beratungsstellen für Mädchen und junge Frauen, die Opfer von sexueller Gewalt und Missbrauch geworden sind. Die Rufnummer findest du im Telefonbuch.

Weitere Beratungsangebote

Bei folgenden Adressen kannst du auch Auskunft über Beratungsstellen in deiner Umgebung bekommen:

Bundeskonferenz für Erziehungsberatung e. V. (bke)
Herrnstraße 53
90763 Fürth
Tel.: 0911/977140
E-Mail: bke@bke.de
www. bke.de

Deutsche Arbeitsgemeinschaft für Jugend- und Eheberatung e.V. (DAJEB)
Bundesgeschäftsstelle
Neumarkter Straße 84 c
81673 München
Tel.: 089/4361091
E-Mail: dajeb@aol.com
www.dajeb.de

Kinder haben Rechte e.V.
Tel. 0251/272126
E-Mail: kinder-haben-rechte
@muenster.de
www.kinderrechte.de

Weitere Informationen

UNICEF Deutschland
Höninger Weg 104
50969 Köln
Tel. 0221/93650–0
E-Mail: mail@unicef.de
www.unicef.de

Bundesministerium für Gesundheit
und soziale Sicherung
Wilhelmstraße 49
10117 Berlin
Tel. 0180/515111
E-Mail: info@bmgs.bund.de
www.bmgs.bund.de

Bundesministerium für Familie,
Senioren, Frauen und Jugend
Rochusstraße 8–10
53123 Bonn
Tel. 01888/555-0
E-Mail: poststelle@bmfsfj.bund.de
www.bmfsfj.de

Stichwortverzeichnis

Die Autorinnen und Autoren der 1. Auflage

Franz Dickmeis, Herdecke, Familien- und Vormundschaftsrichter am Amtsgericht in Kamen
Cornelia Dittrich, s. u.
Annette Düe, Bochum, Sozialpädagogin
Ullrich Gintzel, Prof. Dr., Dresden, Dipl.-Pädagoge, Ev. Hochschule für soziale Arbeit
Hans-Ullrich Krause, s. u.
Martina Kriener, s. u.
Thomas Lakies, Berlin, Richter
Roland Proksch, Prof. Dr., Nürnberg, Jurist, Ev. Fachschule für Sozialwesen
Karl Späth, Rottenburg am Neckar, Dipl.-Pädagoge, Diakonisches Werk der EKD
Ernst-A. Tiemann, Münster, Journalist
Wolfgang Trede, s. u.
Corina Weber, Frankfurt, Verfahrenspflegerin, Einzelvormünderin, Referentin der Weiterbildung für Verfahrenspfleger
Reinhard Wiesner, s. u.
Hans-Dieter Will, s. u.

Die Projektgruppe der 1. Auflage

Die Jugendlichen: Daniel Berger, Patrick Döhring, Mareike Graczkowski, Pia Hauser, Arina Hellwig, Daniel Langnickel, Michael Meinekat, Daniela Mieritz, Helen Richter, David Schmidt, Sabine Sowa, Sefi Steffen, Andreas Strathmann und Monika Wils
Die Pädagoginnen und Pädagogen: Reinhart Darmstadt, Cornelia Dittrich, Michael Foitzik, Ullrich Gintzel, Kirsten Jentsch, Hagen Kättner, Hans-Ullrich Krause, Ruth Messing, Harald Mewes, Mario Schmude, Wolfgang Trede

Cornelia Dittrich, Berlin, geb. 1951 in Plattling/Niederbayern, Studium der Philosophie und Pädagogik in Berlin; Fachbereichsleiterin für Öffentlichkeitsarbeit und Sonderformen der Vollzeitpflege im Arbeitskreis zur Förderung von Pflegekindern e. V., Berlin

Friesa Fastie, Berlin, geb. 1961 in Brake/Unterweser, Dipl. Sozialpädagogin/Sozialarbeiterin; Leiterin vom »Mädchen-Wohnprojekt Potse« beim »Verein zur Entwicklung neuer Lebensqualitäten für Mädchen, e. V.«, Fachbuchautorin und freie Referentin, Mitglied der ExpertInnenkommission des Berliner Interventionsprojektes gegen häusliche Gewalt, BIG e. V. (Verfasserin des Kapitels 9.2)

Nicole Janze, Dortmund, geb. 1973 in Verl, Dipl.-Pädagogin; nach dem Studium wiss. Mitarbeiterin an der Universität Dortmund, seit 2001 wiss. Referentin bei der IGfH, Frankfurt

Stephan Kibben, Münster, geb. 1959 in Dinslaken, Diplom-Pädagoge; nach dem Studium wiss. Mitarbeiter an der Universität Münster, seit 1992 pädagogischer Mitarbeiter in einer Mädchenwohngruppe

Hans-Ullrich Krause, Berlin, geb. 1954 in Leipzig, Diplom-Pädagoge, Fachschulstudium zur Heimerziehung, Studium der Literatur und Sozialpädagogik in Leipzig; seit 1989 Leiter des Kinderheims Berlin-Mark Brandenburg, Berlin; Autor von Fachbüchern, Hörspielen, Jugend- und Kriminalromanen und Drehbüchern; 1. Vorsitzender der Internationalen Gesellschaft für erzieherische Hilfen (IGfH)

Martina Kriener, Münster, geb. 1960 in Paderborn, Dipl.-Pädagogin; Studium der Erziehungswissenschaften in Münster; nach dem Studium wissenschaftliche Mitarbeiterin an der Universität Münster, mehrjährige Leitung einer Jugendhilfeeinrichtung, Referentin beim Verein »Kinder haben Rechte« in Münster

Doris Mertens, Bernau, geb. 1943 in Duisburg, Dipl. Sozialarbeiterin; seit 1993 Leitung des Referats »Hilfen zur Erziehung« im Landesjugendamt des Landes Brandenburg

Wolfgang Trede, Tübingen, geb. 1956 in Stuttgart, Diplom-Pädagoge; Studium der Evangelischen Theologie und Erziehungswissenschaften in Tübingen, Geschäftsführer der Internationalen Gesellschaft für erzieherische Hilfen, seit 2003 Jugendamtsleiter des Kreises Böblingen

Hans-Dieter Will, Prof. Dr., Erfurt, geb. 1943 in Bayreuth; Studium der Soziologie, Psychologie und Politikwissenschaft in Konstanz und Berlin, langjährige Praxis in der Jugend- und Straffälligenhilfe, Professor für Sozialpädagogik an der Fachhochschule Erfurt

Reinhard Wiesner, Prof. Dr. Dr. h.c., Bonn, geb. 1945 in Eger, Jurist; Studium der Rechtswissenschaften in München, Regensburg und Edinburgh, Leiter des Referats »Kinder- und Jugendhilferecht« im Bundesministerium für Familie, Senioren, Frauen und Jugend

Nachwort

von Prof. Dr. Dr. h.c. Reinhard Wiesner

Jeder junge Mensch hat ein Recht auf Förderung seiner Entwicklung und auf Erziehung zu einer eigenverantwortlichen und gemeinschaftsfähigen Persönlichkeit. Dieser Satz steht ganz am Anfang des Kinder- und Jugendhilfegesetzes. Meist blättern die Leserin oder der Leser schnell weiter, um in den mehr als hundert Paragraphen dieses Gesetzes die eine oder andere Vorschrift zu finden, die eine konkrete Antwort auf ein konkretes Problem gibt. Dabei ist es gerade der erste Satz, der in allgemeiner und doch umfassender Weise zum Ausdruck bringt, um was und um wen es in diesem Gesetz in erster Linie geht.

Während sonst in unseren Gesetzen, in der Verfassung, im Familienrecht des Bürgerlichen Gesetzbuches, aber auch im Kinder- und Jugendhilfegesetz immer wieder von den Rechten und Pflichten der Eltern die Rede ist, werden hier Erziehung und Förderung der Entwicklung aus der Sicht des jungen Menschen thematisiert. Gleichzeitig kommt zum Ausdruck, dass es sich hierbei nicht um Wohltaten oder Gnadenakte von Seiten der Erwachsenen bzw. der staatlichen Behörden handelt, sondern um Rechte von Kindern und Jugendlichen. In den letzten Jahren ist – jedenfalls in der rechtspolitischen Diskussion – die Sensibilität für die Perspektive der Kinder und Jugendlichen, ihre Rechte und Interessen gewachsen. Die UN-Kinderrechte-Konvention und vor allem das Kindschaftsrechtsreformgesetz und das Kinderrechteverbesserungsgesetz sind markante Beispiele dafür. Mit den rechtlichen Änderungen alleine ist es aber noch nicht getan, sie müssen auch in das gesellschaftliche und das individuelle Bewusstsein dringen. Eltern aber auch Kinder und Jugendliche müssen Informationen über diese Rechte erhalten.

Zum Anderen: Gesellschaftliche Integration, Anerkennung, Chancengerechtigkeit für junge Menschen hängen nicht nur von den Rechten der Kinder und Jugendlichen ab, sie werden noch immer stark durch die wirtschaftliche Situation der Familien beeinflusst. Deshalb gehört zur staatlichen (Mit)Verantwortung für das Aufwachsen von Kindern auch eine materielle Grundsicherung für alle Kinder.

Nur vergessen wir Erwachsenen – selbst dann, wenn wir es gut mit Kindern und Jugendlichen meinen –, dass wir ihnen gegenüber nicht nur Verantwortung tragen, sondern dass sie uns als Personen und sich entwickelnde Persönlichkeiten mit eigenen Rechten und Pflichten gegenüberstehen. Auch wenn wir als Erwachsene, als Eltern, Erzieher, Sozialarbeiter, über und mit Kinder(n) und Jugendliche(n) reden, dann ist es immer wieder wichtig, sich in die Perspektive von Kindern und Jugendlichen zu versetzen und sich kritisch zu fragen, ob wir mit unseren Bemühungen auch tatsächlich ihren Rechten und Interessen ausreichend Rechnung tragen.

Ein Grund dafür, weshalb wir Erwachsene die Rechte von Kindern und Jugendlichen vielleicht nicht immer so ganz ernst nehmen, mag auch in unserem Wissen liegen, dass Kinder auf uns angewiesen sind, dass sie sich schlecht wehren können, weil sie über ihre Rechte nicht ausreichend Bescheid wissen und sich schnell von Erwachsenen verunsichern lassen. Hier kommt den Erwachsenen eine besondere Verantwortung zu. Wenn sie selbst in den Konflikt verwickelt sind, bedarf es häufig dritter Personen, die »zwischen den Fronten vermitteln«. In besonderer Weise davon betroffen sind Kinder und Jugendliche, die im Rahmen von Erziehungshilfen mit einer Vielzahl Erwachsener in unterschiedlichen Funktionen konfrontiert werden. Manch einem Kind mag es – für kurze Zeit – gelingen, diese Erwachsenen gegeneinander auszuspielen. Meist aber scheinen diese doch eine feste, undurchschaubare Front zu bilden.

Kinder und Jugendliche haben nicht nur ein Recht auf Erziehung und auf Förderung der Entwicklung. Sie haben eine Vielzahl von Rechten, die freilich regelmäßig auch mit Pflichten verbunden sind. Dieses Buch gibt Auskunft darüber, nicht belehrend und nicht herablassend, nicht im juristischen Fachchinesisch – auch wenn dies beim wörtlichen Zitieren nicht vermeidbar ist –, sondern einfühlsam im unmittelbaren Zwiegespräch mit jungen Menschen. Trotz seines Titels »Rechte haben – Recht kriegen« fordert es nicht zum Streit auf. Es zeigt auch die Grenzen juristischer Auseinandersetzung und weist auf die Notwendigkeit hin, bei widerstreitenden Interessen gemeinsam Lösungen zu finden.

Das Buch, das nun in zweiter, an vielen Stellen verbesserter Auflage vorliegt, ist aber mehr als ein Rechtsberater. Es befasst sich mit ambulanten Hilfen und vermittelt Einblicke in den Alltag der Jugendhilfe, in Wohngruppen oder in Pflegefamilien. Viele Kinder und Jugendliche haben diesen Aufenthalt nicht aus freien Stücken gewählt; sie sind unsicher, skeptisch, denken über ihr Verhältnis zu ihren Eltern nach. Nicht selten ist ihr Selbstvertrauen schwer beeinträchtigt, sind sie doch von Erwachsenen immer wieder enttäuscht, immer wieder verlassen worden. So wichtig der Aufbau neuer und die Vergewisserung alter Beziehungen ist – auch das Wissen um die eigenen Rechte kann das Selbstvertrauen junger Menschen stärken.